はじめる、続ける。ぬか漬けの基本

山田奈美

はじめに

ぬか漬けは臭い。管理が大変そう。そう思い込んでいる人もいるのではないでしょうか。でも、愛情込めてきちんと手入れされた健康なぬか床は、イヤな臭いなどまったくしません。むしろ、芳醇な深みのあるかぐわしい香りがします。かき混ぜるのだって、それほど面倒なことではありません。食べたいと思ったときに取り出して、そのついでにパパッと混ぜればいいのです。毎日、絶対に混ぜなければいけないものでもなく、そんなに身構えなくてもいいのです。

実際に、一昔前はおばあちゃんの漬けるものだったぬか漬けですが、最近は一人暮らしの若い女性でも、マイぬか床を持っている人が増えてきました。私の「ぬか漬け教室」にも、子育て中のお母さんをはじめ健康に気をつけたい中高年の方々など、実に幅広い世代の方々が参加してくださっています。植物性乳酸菌をたっぷり含んだぬか漬けの高い健康効果が注目されているからです。

微生物たちは、人の心と共鳴するといわれます。子どもやペットを育てるような気持ちで、慈しみながらぬか床を育てていってください。微生物たちは、きっとその気持ちに応えて、おいしいぬか漬けをつくり出してくれるはずです。

はじめる、続ける。
ぬか漬けの基本

もくじ

4 ぬか漬け・ぬか床を使ったレシピ

5 うれしい、ぬか漬けの健康効果

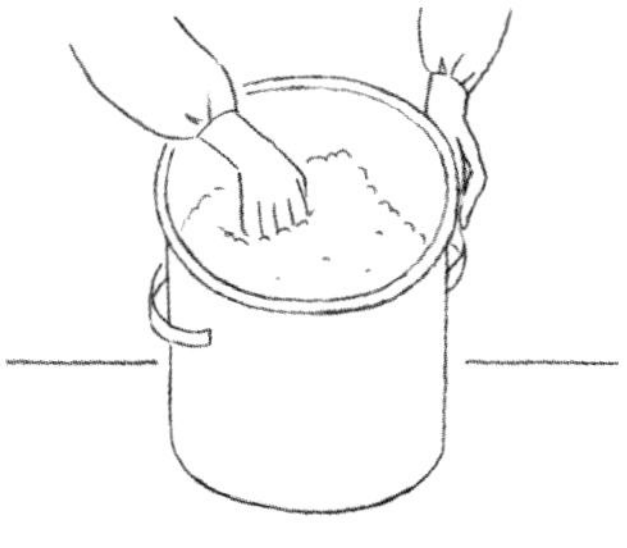

1

ぬか床をつくろう

自分でぬか床をつくると聞くとなんだか難しそうですが、
ぬかさえ手に入れば、あとは少しの材料だけで簡単に始められます。
すでに熟成したぬかがセットになった市販のスタートキットもありますが、
やっぱり自分でイチからつくり、ゆっくり我が家の味を育てていくのは別格です。
さあ、材料をそろえて、さっそくつくってみましょう。

ぬか漬けができるまで

ぬか漬けはすぐにできるものではありません。どのようにぬか床ができ、いつ頃から食べ始められるのか、ざっくりと流れをつかんでおきましょう。

1日目

マイぬか床をつくってみよう

まずは保存容器やぬか床の材料を揃えることからスタート。材料をよく混ぜ合わせて容器に詰めればぬか床の準備完了。

2日目〜

毎日、ぬか床をかき混ぜて捨て漬けを繰り返す

実際に食べ始められるまでには、10日〜2週間ほどの「捨て漬け」が必要。大根の葉やキャベツの外葉などを漬けて、ぬか床を熟成させます。

10日〜2週間後

ぬか床が完成。さぁ、漬け始めよう！

ぬか床から酸っぱい香りがしてきたら、十分発酵した合図。いよいよ本漬けに入ります。いろいろな野菜を漬けて、ぬか漬けのある生活を楽しみましょう。漬けて6時間ぐらいから食べ始められるものもあります。

ぬか床の保存容器

ぬか床にはどんな容器が適しているの?
毎日、長くつきあっていくものだから、
お気に入りの容器を見つけましょう。

木製樽

通気性がよく水分を適度に吸収するのが利点。反面、水分が不足しやすく、臭いもれや虫が発生しやすい難点も。

陶器製の甕（かめ）

臭いがもれにくく酸や塩分に強いので漬け物に最適。気温が伝わりにくいため、温度変化が少ないのも利点。

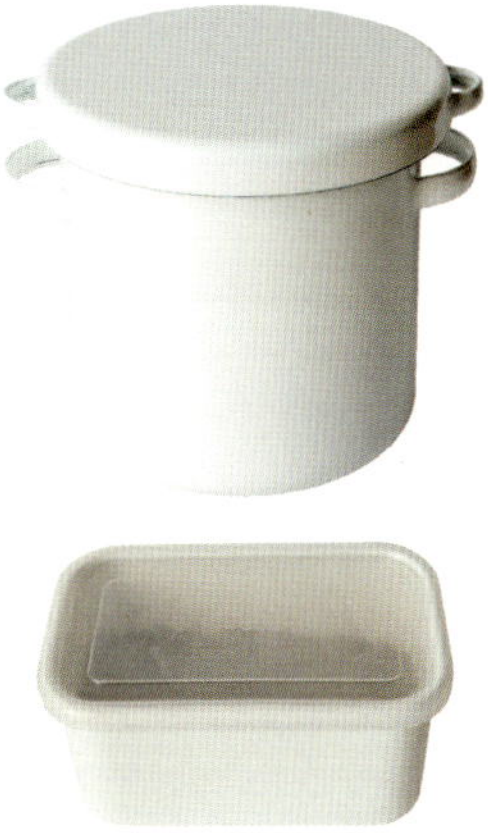

ホーロー

臭いがもれにくく酸や塩分に強く、見た目もスタイリッシュ。四角い薄型のタイプなら冷蔵庫にも入る。

ジップ付き小袋

魚肉類や柔らかい豆腐やアボカドなど、野菜のぬか床とは別に漬けたいときに便利。冷蔵庫での保存もラク。

プラスチック製のふたつき容器

少量漬けたいとき、魚肉類など別に漬けたいとき、冷蔵庫で管理したいときなどは食品用のプラスチック容器でも。

ぬか床のかなめ、「ぬか」のこと

ぬか床にとって、もっとも大切なのが「ぬか」です。ぬかとは、玄米を精米するときに出る表皮や胚芽の部分で、お米の栄養素の約95％がこのぬか部分に含まれています。ぬか漬けには、できるだけ無農薬栽培の生ぬかを使用します。また、脂肪分が多く酸化しやすいため、精米したてのものを手に入れましょう。新鮮な生ぬかは、きな粉のような甘みがあります。お米屋さんや自然食品店、インターネットなどで手に入ります。

生ぬかが手に入らない場合は、スーパーなどでも購入できる炒りぬかでも結構です。生ぬかよりも風味は落ちますが、虫の発生が抑えられたり、日持ちするのがメリットです。

すぐに生ぬかを使用しないときは、冷凍するほか、炒りぬかにしておいてもよいでしょう。フライパンなどで、香ばしい香りがするまで焦がさないように注意しながら、中弱火で2～3分カラ炒りします。

稲からお米を脱穀し、もみがらを取り除いたのが玄米。玄米から外側の表皮だけを取り除いたのが胚芽米。さらに胚芽の部分まで取り除くと白米になる。ぬかは、こうした精米の過程で落とされる表皮や胚芽を合わせたもの。

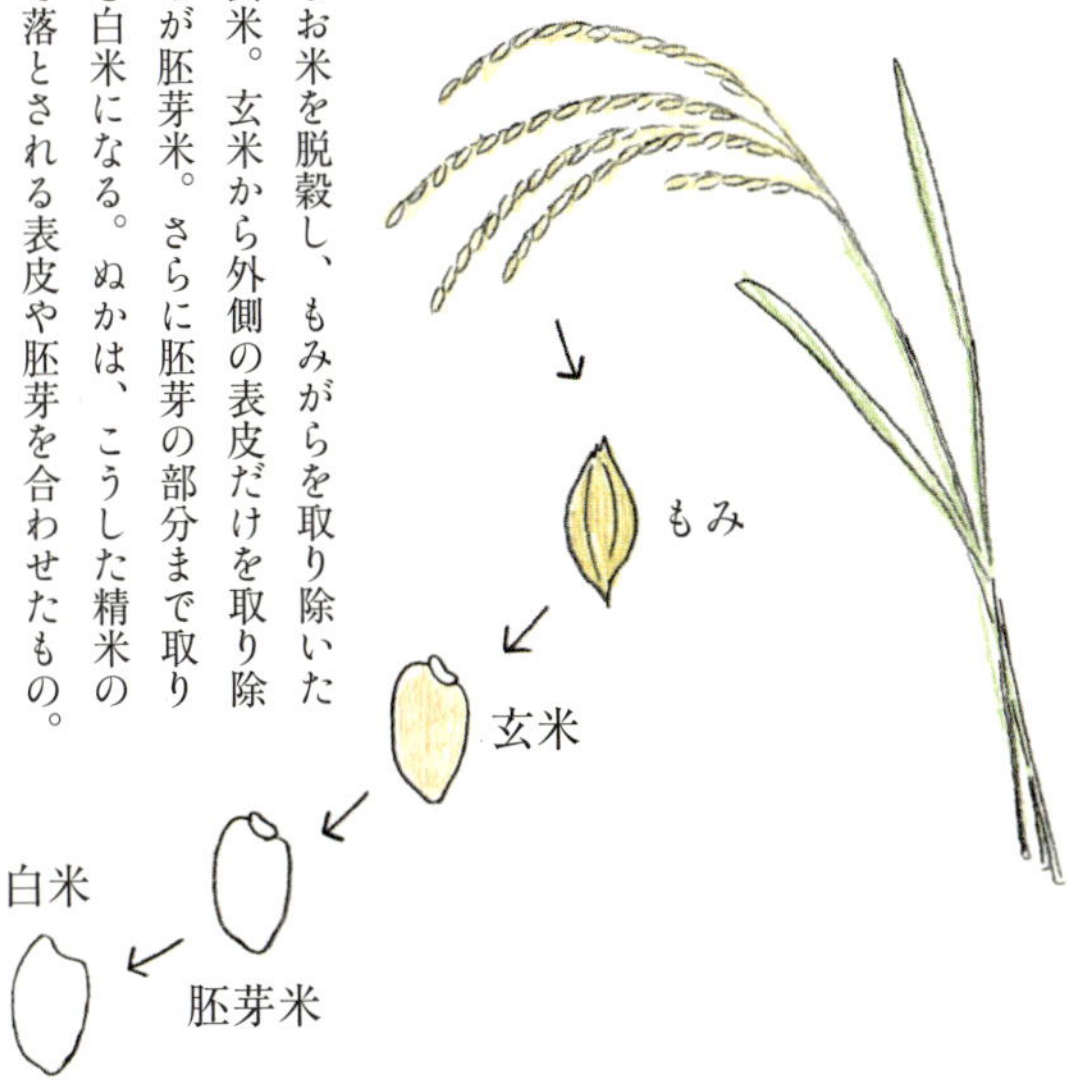

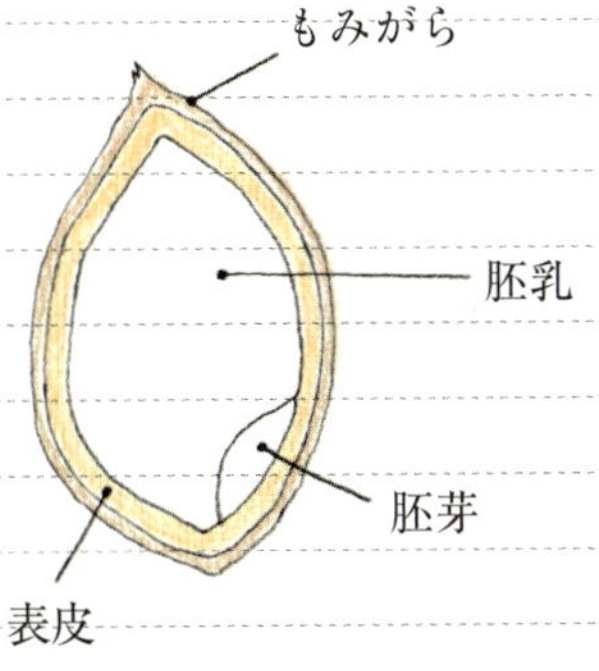

ぬかは、玄米を精米するときに出る種皮や果皮、糊粉層などの「ぬか層」と胚芽部分のこと。玄米の約10％にあたるが、ここにはタンパク質や脂肪、ビタミンB群など、玄米全体に含れる栄養素の実に95％が含まれている。白米は、ぬかを取り除いた胚乳部分。

基本のぬか床の材料

生ぬか

精米したての新鮮な無農薬の生ぬか。生ぬかが手に入らない場合は炒りぬかでもよい。

塩

ぬかに対して10～12%の塩を用意する。にがりを含んだ自然塩がおすすめ。

水

水分量はぬかの状態や湿度で調整。水道水は一度煮沸して塩素を抜き、40℃ぐらいまで冷ましてから使う。

熟成ぬか

手に入れば、すでに熟成したぬか床を分けてもらえると、発酵が速くなる。

昆布、唐辛子

うま味を足す昆布と、防腐作用や脂肪の酸化防止作用のある唐辛子は、つねにぬか床に。

シンプルなぬか床だからこそ、材料にはこだわりたい。

ぬか床に風味をつけるもの

きなこ

うま味成分のグルタミン酸が豊富。1キロのぬか床に対して、大さじ1杯ぐらいを追加する。

干ししいたけ

うま味成分グアニル酸の宝庫。1キロのぬか床に対して、1個程度追加。

かつお節

うま味成分のイノシン酸が豊富。細かく削られたものを、1キロのぬか床に対して、大さじ1杯ぐらい追加する。

柚子

香りづけに黄柚子が出回る冬に加える。皮の部分のみ削ぎ落とし、さっとゆがいて細かく刻み、大さじ1杯程度加える。

にんにく

抗菌防腐作用がある。入れすぎるとぬか床全体が臭くなるので1キロに一片程度。

山椒

防腐作用があるほか、さわやかな香りをプラスしてくれる。さっと湯通しして10分ほど水にさらし、水気をきってからぬか床に加える。青い実が出回る6月頃にまとめて下処理して冷凍しておくとよい。

しょうが

抗菌防腐や風味づけのために薄切りにして加える。1キロにひとかけ程度。

好みでオプション材料を追加して、オリジナルのぬか床をつくりましょう！

ぬか床のつくり方

材料を揃えたら、さっそくぬか床をつくってみましょう。ここでは生ぬか1キロでつくる、もっともシンプルなぬか床をご紹介します。きゅうりなら2〜3本、4人家族の1日分ぐらいは漬けられると思いますが、分量は家族の人数や食べる量によって加減してください。また、生ぬかが手に入らない場合は、炒りぬかを使用しても結構ですが、ぬかの状態をみて水分量を増やすなど調整してください。1キロのぬかで3ℓ容量の容器が必要になります。

分量（3ℓ容器分）

生ぬか…1kg
水…800mℓ〜1ℓ
（ぬかの状態や
湿度などによって調整）
塩…110g
昆布…5cm長さ×2枚
唐辛子…2本
（種を取ってちぎっておく）

1

ぬかに塩を加える

保存容器に生ぬかを入れ、塩を加えてよく混ぜる。容器の中で混ぜづらい場合は、大きめの鍋などで混ぜるとよい。

2

塩とぬかをよく混ぜる

塩がまんべんなく行き渡るようによく混ぜる。
＊塩水をつくってからぬかに混ぜる方法もあるが、ぬかの状態によって水分量が変わるので、先に塩を混ぜておくのがベスト。

3

水を加える

塩を溶けやすくするため、40℃程度の湯冷ましを用意し、3回ぐらいに分けて加えていく。水道水を使う場合、煮沸して塩素を飛ばすこと。

4

しっかり かき混ぜる

湯冷ましを加えながら、粉っぽいところがないようによくかき混ぜ、味噌くらいの固さになるように水分量を調整する。

握ったときに指の間から水が滴るぐらいがよい

5

昆布、唐辛子を入れる

昆布と、種を取って細かくちぎった唐辛子を加えて混ぜ込む。他の風味づけ材料を加える場合も、ここで追加する。

6

平らにならす

中の空気を押し出すように表面をぎゅっと押して平らにならす。カビの原因になるので容器の側面についたぬかは拭き取り、捨て漬けに入る。

捨て漬けのやり方

ぬか床をつくったら、すぐにぬか漬けが食べられるわけではありません。ぬか床を熟成させるための「捨て漬け」が必要です。いらない野菜を漬けながら、微生物の活動を活発にして発酵・熟成を促すのが目的です。加える野菜はキャベツの外葉や大根の葉などが最適です。とくに葉ものは水分が多く、表面積が大きいため乳酸菌も多く付着しているので効果的。捨て漬けでも、毎日しっかりかき混ぜるのがポイントです。

捨て漬けには、キャベツや白菜など葉物野菜の1番外側の葉（鬼葉）や黄色くなった大根の葉やしっぽなど、普段捨ててしまう部分でいい。

1キロのぬか床の場合、キャベツの外葉なら1～2枚程度用意し、ぬか床に加えてよく混ぜる。毎日かき混ぜ、3～4日したら引き上げて、新たに捨て漬け用野菜を加える。これを3～4回繰り返し、ぬか床から酸っぱい香りがしてきたら、発酵が進んだ証拠。本漬けに入る。

ぬか床のかき混ぜ方

ぬか床のかき混ぜ方にはコツがあります。表面には酸素が好きな産膜酵母、底には酸素があると生きられない酪酸菌が棲息しやすくなります。これらが増えすぎると、ぬか床の香りを悪くするため、繁殖を抑えるために、ぬか床の上下を入れ替えるように混ぜるのがポイント。上下に棲む微生物を、それぞれの苦手な環境に移動させるのが目的です。

基本的には1日1回、夏の暑いときは微生物の繁殖が速くなるので朝晩2回、ぬか床の上下を入れ替えてあげましょう。冷蔵庫で管理している場合や冬の間は、2～3日放っておいても大丈夫です。

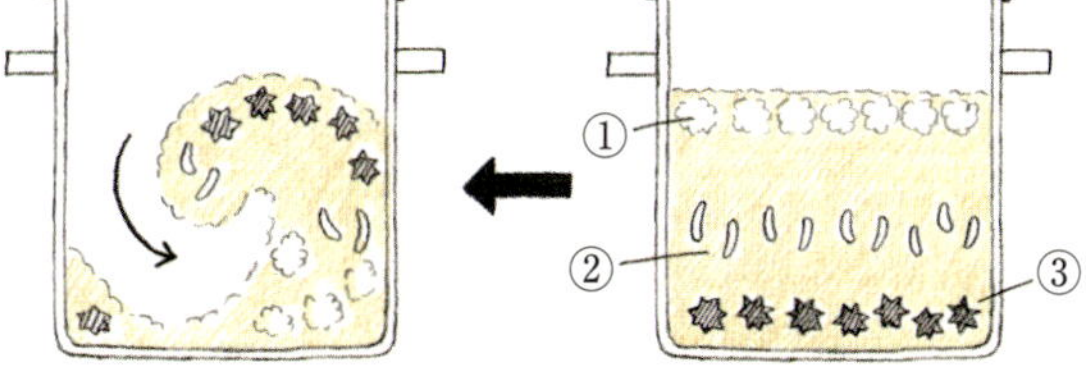

表面には酸素の好きな産膜酵母（①）、底面には酸素が苦手な酪酸菌（③）が繁殖しやすい。表面のぬか床をグッとぬか床の中に押し込み、次に底のほうにあるぬか床を表面に持ち上げて、しっかりと床の上下を入れ替える。乳酸菌（②）の多くは酸素が少ない環境を好むため、最後に、グッグッと上から抑えてぬか床の中の空気をしっかり抜き、酸素に触れる表面積が少なくなるように表面を平らにならしておく。

足しぬかのこと

毎日、野菜を漬けていると、ぬか床の水分が多くなってきたり、だんだん床が減ってきたりします。そんなときは、ぬかと塩を加える「足しぬか」をします。加えるのは、1キロのぬか床に対して、カップ1杯ほどのぬかと、そのぬかの重量の7%の塩です。生ぬかと炒りぬか、どちらでもかまいませんが、重量が違うので、慣れるまでは計量してください。ぬかと塩を足したらよく混ぜて、もともとのぬか床にしっかりなじませましょう。

足しぬかの後は、2~3日は野菜を漬けたり、かき混ぜたりしないで、熟成するまで何もしないで見守ってください。表面に白い産膜酵母が薄く張ったら、乳酸菌が増えた合図。再び野菜などを漬け始めましょう。

足しぬかの分量
(1kgのぬか床の場合)

生ぬか…1カップ
(または炒りぬか)

塩…加えるぬかの
　　重量の7%

*昆布と唐辛子は、ぬか床の中になくなっていたら追加する。

足しぬかは、しょっぱくなりすぎたときやヘンな臭いがするときなどに、新鮮なぬかを追加して床を調える効果もある。ただし、頻繁に足しすぎると発酵が遅くなるので注意を。

2

基本の漬け方

食材をぬか床に入れるだけで、誰でも手軽においしく、
栄養満点の一品ができあがるのがぬか漬けのいいところ。
定番のきゅうりや茄子、かぶ以外にも、
肉や魚介類など、ぬかの風味が加わることによって
いつもと違った楽しみ方ができる食材がたくさんあります。
定番から、一度食べたらやみつきになる変わりダネまで、基本の漬け方を紹介します。

基本の下処理

ぬか床に漬けるときは、素材によって下処理の仕方が異なります。それぞれの基本のやり方を覚えておきましょう。

野菜

野菜の下処理のポイントは、アクやえぐみを取ってから漬けること。新鮮な旬の野菜を選ぶことも大切です。

下茹でする

じゃがいも、かぼちゃ、ごぼうなど、生では食べられない固い野菜は下茹でする。漬けたい大きさに切り、固さを残して茹でてから水気をきり、冷めてから漬ける。

そのまま漬ける

にんじんやかぶなど、アクが少なく、生で食べてもおいしい野菜は水洗いして水気をふいたら、そのまま漬ける。大きいものは半分や四つ割りにしてもよい。

蒸す

里芋や新じゃが、ブロッコリーなど、固い野菜のなかでもアクの少ないものは蒸してから漬けるのがおすすめ。栄養価の損失も少なく、うま味もぎゅっと閉じ込められる。

塩でもむ

きゅうりやなすなどのアクやえぐみのある野菜は、塩でよくもんでから漬ける。大根葉や春菊などの葉物野菜も、塩もみしてしんなりしたら、水気をしぼって漬ける。

〈その他〉

下漬けする

白菜のように水分の多い野菜は、野菜の重量の2％程度の塩で、1〜2日下漬けしてから漬けるとよりおいしい。

干す

きのこ類や大根は、半日〜1日ほど天日に干してから漬けると、うま味が凝縮して、栄養価も高まる。

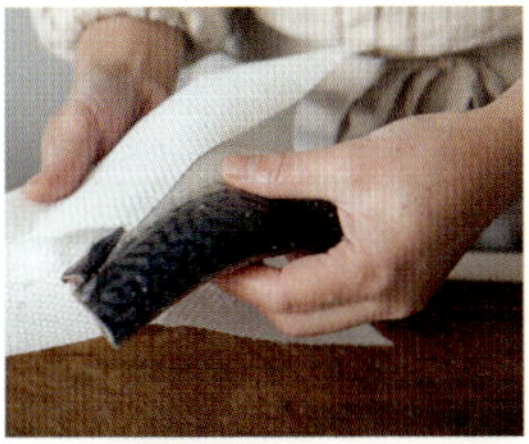

一尾まるごとの場合は、三枚におろし、塩をふってしばらくおき、水気をふき取ってぬかをまぶして密閉袋などで別漬けにする。刺身の場合はサクのままぬかをまぶして漬ける。

魚介類

さば、まぐろ、イカなどいろいろな魚介類が漬けられますが、刺身で食べられるもの以外は臭みを抜くために塩をふります。

肉類

鶏もも肉やささみ、豚ロースなど肉類はいろいろ漬けられ、下処理もほぼ必要ありません。ぬかをまぶして密閉袋などで野菜とは別漬けにします。

鶏もも肉など大きなものは、身の厚い部分に包丁で切り込みを入れて開いておくと、漬かりが均一で速くなる。

*漬け時間は常温での目安を記載しています。ぬか床を冷蔵庫で保管している場合は、2倍の漬け時間を目安としてください

カリフラワー

葉を取り除き、茎の部分に包丁で切り込みを入れて、食べやすい大きさの小房に割きます。このとき花蕾の部分に包丁を入れると、蕾がバラバラになりやすいので注意を。沸騰した湯で固めにゆでて水気をきり、冷ましてから漬けます。新鮮な柔らかいものなら、軽く塩をふって生のまま漬けてもよいでしょう。

●旬…冬
●漬け時間…1日

かぶ

●**旬**…春と秋
●**漬け時間**…1日
葉は12時間

柔らかくてジューシーなかぶは、ぬか漬けのなかでもとくに人気の高い野菜です。秋のかぶは皮が固いのですが、ぬか床に漬ければおいしくいただけるので、ぜひ皮ごと漬けましょう。小さいかぶはまるごと、大きいものは縦半分に切ったり、切り込みを入れてから漬けます。葉も一緒にぬか床へ。

大きいものは下から十字に切り込みを入れると漬かりやすい。葉は塩少々をまぶして手でもみ、水気をしっかり絞ってから漬ける。

かぼちゃ

●**旬**…夏〜初秋
●**漬け時間**…
夏12時間、秋冬1日

ほんのり酸味のきいた甘いかぼちゃのぬか漬けは和風マリネのよう。旬は夏から初秋ですが、常温で保存しておくと甘みが増すため、冬至の頃のかぼちゃで漬けると一層甘味が際立ちます。基本的には固めにゆでてから漬け込みますが、皮をむいて薄く切れば、生のまま塩をふって漬けてもよいでしょう。

食べやすい大きさに切って種を取り、固めにゆでて冷ましてから漬ける。生で漬ける場合、青臭さが残らないよう長く漬けるのがコツ。

キャベツ

●**旬**…春と冬
●**漬け時間**…
春12時間
冬1日半〜2日

ふわっとした柔らかい春キャベツは、サラダ感覚の浅漬けに。葉がぱりっとして甘みの強い冬キャベツは、しっかり漬けて甘みを引き出します。基本的に半割または四つ割りにして漬け込み、外側の葉から1枚ずつはいでいただきます。ぬか床容器が小さい場合は、葉を1枚ずつはいで漬けても。

半分または四つ割りにする。内側はなかなか漬からないので、葉と葉の間を少し広げて、塩少々をふっておくと漬かりがよくなる。

きゅうり

●**旬**…夏
●**漬け時間**…
6時間

夏のぬか漬けの代表。淡白な味だけに、ぬか床の風味が移りやすいのが魅力です。ただ、きちんと下処理せずにきゅうりばかりを漬けていると、ぬか床が苦くなることがあるので、かぼちゃやにんじんなど甘みのある野菜も一緒に漬けるように。しっかり塩もみしてえぐみを取ってから漬けます。

アクやえぐみがあるので、両端を少し切り落とし、塩少々をふってよくもみ込み、水気をきってぬか床に漬ける。短時間で漬かりやすい。

ごぼう

●旬…初夏～冬
●漬け時間…
初夏～秋１日
冬１日～２日

ごぼうのうま味成分は皮に多いので皮ごと漬けましょう。一度に食べきれる長さにカットし、泥つきのものはたわしでこすって汚れを落とし、固めにゆでてアクを取ってから漬けます。初夏に出回る新ごぼうは、アクやえぐみがほとんどないので、軽く塩もみして、生のまま漬けてもおいしいです。

固めにゆでて、冷めてから漬ける。太いごぼうは、縦半分に切ると漬かりが速い。酢少々を落とした湯でゆでると白くきれいに漬かる。

小松菜

●旬…秋～冬
●漬け時間…
秋１日
冬１日半～２日

青菜のなかでも、とくにぬか漬けに向いていると思うのが小松菜。アクが少なく、独特のうま味がぬか漬けの風味とよく合います。さっぱりとした酸味と、しゃきしゃきとした歯ごたえを楽しめる浅漬けもおすすめですが、古漬けにして炒めたりと、アレンジもしやすい野菜です。

軽く塩をふり、しんなりしたら水気をしぼってぬか床に漬ける。速く漬けたい場合は、軽くゆがいてから漬けてもよい。

里芋

●**旬**…秋〜冬
●**漬け時間**…
秋 12時間〜1日
冬 1日〜1日半

里芋の身上は、ねっとりとした粘り成分。ぬか漬けにすると、このねっとり感がさらに増すように感じられます。皮をむいて米のとぎ汁などでゆでると、白くきれいに漬かりますが、大事なねばねば成分も失われてしまいます。皮ごと蒸せば、うま味や栄養を閉じ込められますし、皮もすっとむきやすくなります。

皮つきのまま、竹串が入るぐらいまで固めに蒸し、皮をむいて冷めてから漬ける。大きいものは半分、または四つ割りにしてもよい。

じゃがいも

●**旬**…初夏〜秋
●**漬け時間**…
初夏〜秋12時間
冬１日

ぬか床に漬けると、まるでサワークリームを塗ったようなさわやかなうま味と酸味が味わえます。そのままはもちろん、つぶしてポテトサラダなどにアレンジするのもおすすめ。とくに初夏に出回る新じゃがは、アクが少なく、皮まで柔らかく漬かりやすいので、ぬか漬けに最適。

皮つきのまま、竹串が入るまで固めに蒸すかゆでて、冷めてからぬか床に漬ける。大きいものは半分または四つ割にしてもよい。

セロリ

●**旬**…冬〜春
●**漬け時間**…
冬１日
春12時間〜１日

シャキシャキとした歯ごたえと独特の香りは、数あるぬか漬けのなかでも際立つさわやかさ。その魅力を生かすためにも、浅漬けがおすすめ。短時間で漬けるには、固い筋を取り除き、根元に切り込みを入れるのがコツ。長く漬けすぎると筋っぽくなることも。茎だけでなく葉の部分も漬けられます。

ぬか床に入る長さに切り、固い筋は取り除く。根元に１〜２本切り込みを入れ、塩少々をふって全体にこすり、水気をきって漬け込む。

大根

●旬…秋〜冬

●漬け時間…

秋１日

冬１日半〜２日

一度に食べきれる長さにカットし、皮つきのまま縦半分に切って漬けます。白くきれいに仕上げたい場合は、皮をむいてもよいですが、それも捨てずに漬けましょう。大根を１日くらい天日に干してから漬けると、漬かりやすく甘みも増します。葉も塩少々をふってもみ、水気をしぼって漬けます。

茄子

●旬…夏

●漬け時間…

６〜８時間

茄子のぬか漬けは、いかに色よく漬けるかがキモ。みょうばんや鉄と一緒に漬ける方法もありますが、おすすめはたっぷりの塩でもむ方法。丁寧に塩もみしてアクを出し、表面に塩の膜をつくることで、変色を抑えることができます。茄子は常温で保存されたもの、さわって柔らかいものを選ぶように。

たっぷりの塩をこすりつけ、紫色の汁が出るまでしっかりもむ。水気をぎゅっとしぼり、洗い流さずそのままぬか床に漬ける。

＊**〈ワンポイント〉**茄子が変色しやすいのは、色素成分であるアントシアニンが乳酸菌の酸と反応するため。茄子を塩で覆って塩分濃度を高めれば、皮周辺の乳酸発酵が抑えられ、酸との反応を減らせるため変色が防げるというわけです。大きいものは切ったらすぐに塩をまぶし、色素成分の酸化（変色）を防ぎましょう。また、茄子は触って柔らかいものを漬けないと、漬け上がったときも固く、おいしくありません。漬け上がったなすが固いときは、まな板の上でぎゅぎゅっと、よくもんでから水洗いするとよいでしょう。

にんじん

●**旬**…夏〜初冬
●**漬け時間**…
夏〜秋１日
冬１日半〜２日

皮に有効成分が多いので、皮つきのまま、まるごと漬けます。ただ、皮の部分が黒く変色しやすいので、色よく仕上げたい場合は、薄く皮をむいてもよいでしょう。固い野菜なので、漬かるまでに少し時間がかかります。速く漬けたい場合は、軽く塩をふってもんでから漬けるとよいでしょう。

大きいものは縦半分または四つ割りにすると漬かりやすい。速く漬けたい場合は、皮をむいたり、塩もみしてから漬けるとよい。

パプリカ

●**旬**…夏〜初秋
●**漬け時間**…
12時間

ピーマンに比べて苦味が少なく、甘みのあるパプリカは、想像以上にぬか漬けによく合います。ぬか床に漬けても、色落ちしたり変色したりすることがないのも魅力で、食卓に鮮やかな色を添えてくれます。縦半分に切り、種を取り除いてから漬けるため、漬かりも速い野菜です。

縦半分に切り、ヘタと種を取り除いて洗い、水気をきってぬか床に漬ける。

長芋

●**旬**…秋〜冬
●**漬け時間**…
秋１日
冬１日半〜２日

みずみずしくシャキシャキとした長芋は、ぬか漬けにしてもその魅力を存分に味わうことができます。食べきれる長さにカットし、ひげ根を焼き切るか、包丁でこそげ取り、皮つきのまま漬けます。

ちなみに山芋は粘りが強く、ぬか床がねばねばすることがあるので、別漬けするのがおすすめです。

れんこん

●**旬**…夏〜冬
●**漬け時間**…
夏12時間
秋〜冬１日

れんこんは色よく仕上げるために、酢少々をたらした湯で、竹串が少し入るぐらいに固めにゆでて漬けます。晩夏から初秋に出回る新れんこんは、柔らかくしゃきしゃきとした歯ごたえが特徴なので、生のまま漬けてもよいでしょう。皮や節目に有効成分が豊富なので、ぜひ皮ごと漬けてください。

縦半分または四つ割りにし、皮つきのまま酢少々をたらした湯で固めにゆでて水気をきり、冷めてからぬか床に漬ける。

こんな野菜も漬けられます

特別苦いものや香りの強いものなど、一部を除いてほとんどの野菜は漬けられます。旬の野菜をいろいろ試してお気に入りの味を見つけましょう。

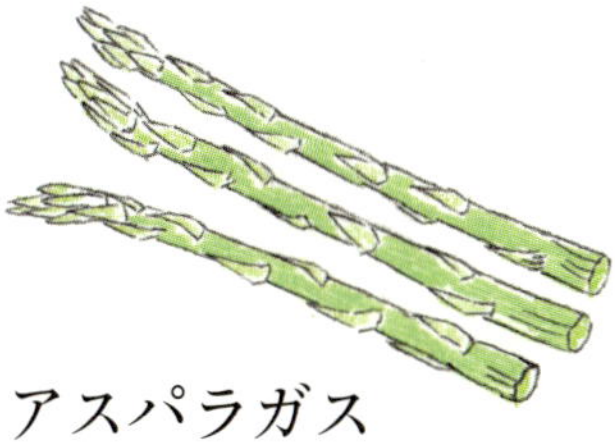

アスパラガス

●旬…初夏
●漬け時間…１日

根元の固い部分を折り、固めにゆでて、冷めてから漬ける。穫れたての新鮮なものや細いものは、ゆでずに生のまま漬けてもよい。

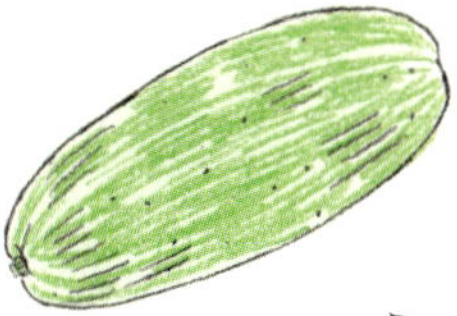

うり

●旬…夏
●漬け時間
…12時間～１日

大きいものは一回に食べきれる量だけ切り分け、皮をピーラーなどで薄くむく。縦半分に切って、種とわたをスプーンで取り除き、生のまま漬ける。

うど

●旬…春
●漬け時間
…12時間～１日

さくさくとした歯ごたえが抜群。ぬか床に入る長さに切って厚めに皮をむき、酢水に漬けてアクを抜く。水気をふきとり生のまま漬ける。葉や芽の部分も同様に。

いんげん

●旬…初夏
●漬け時間…12時間

ヘタと筋を取り、固めにゆでて冷めてから漬ける。長く漬けすぎると、色が悪くなるので、浅漬けがおすすめ。

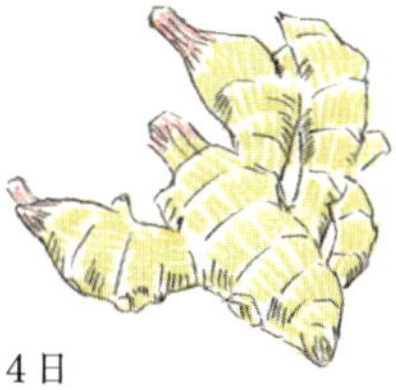

新しょうが

●旬…夏～秋
●漬け時間…３～４日

くぼみに入った汚れまで丁寧に洗い落とし、小片に切り分けて漬ける。長く漬けたほうがおいしくなる。ぬか床の抗菌にもなるため、半年～１年ぐらい漬けたままでもOK。

おくら

●旬…夏
●漬け時間…10～12時間

軽く塩をふって板ずりし、産毛を取り、生のままぬか床に漬ける。へたの部分は、漬けた後で切り落とす。漬ける時間は短めのほうが色鮮やかに漬かる。

せり

●**旬**…春
●**漬け時間**…12時間

軽く塩をふり、しばらくおいてしんなりしたら水気をしっかりしぼって漬ける。せりのすがすがしい香りを生かすには浅漬けのほうがおすすめ。

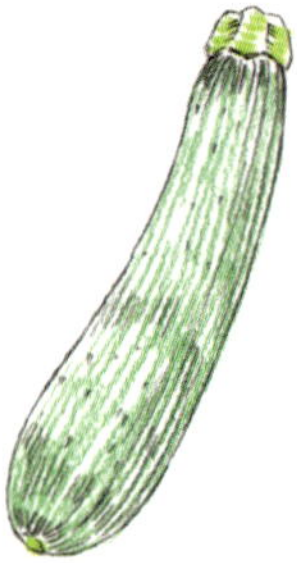

ズッキーニ

●**旬**…夏
●**漬け時間**…12時間

苦味のあるへた部分を実の先端とともに少し切り落とす。軽く塩をふってもみ、縦半分に切って生のまま漬ける。大きいものはぬか床に入る長さに切ってもよい。

菜の花

●**旬**…春
●**漬け時間**
…12時間～１日

軽く塩をふってよくもんでアク抜きし、水気をしっかりしぼって漬ける。塩少々をふってビニール袋に入れ、空気をしっかり抜いて下漬けしてから漬けても。

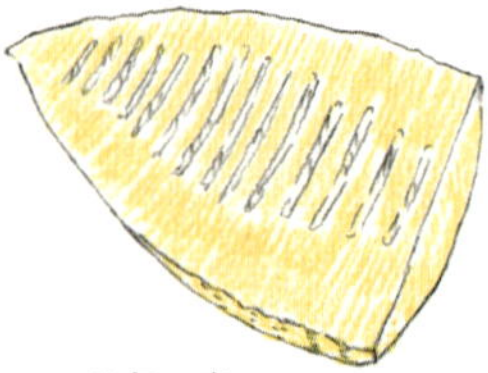

たけのこ

●**旬**…春
●**漬け時間**…12時間

生たけのこはたっぷりの水と１カップの米ぬか、唐辛子１本を入れ、柔らかくなるまで１時間ほどゆでてゆで水の中で一晩おく。翌日、水洗いして皮をむき、半分～８つ割りにして漬ける。

白菜

●**旬**…冬
●**漬け時間**…１日～１日半

半分または四つ割にして全体に軽く塩をふる。ビニール袋に入れて空気をしっかり抜いて重石をし、１～２日ほど塩漬けする。水気をよくしぼり、ぬか床に移す。

ツルムラサキ

●**旬**…夏
●**漬け時間**…６～８時間

軽く塩をふってもみ、しばらくおいてしんなりしたら水気をしっかりしぼって漬ける。ぬめりが強いので、あまり長く漬け過ぎずに取り出すほうがよい。

水菜

●**旬**…冬

●**漬け時間**…1日

大きいものは根元からほぐし、よく洗って泥などを洗い落とし、軽く塩をふってもみ、しばらくおく。しんなりしたら水気をしっかりしぼって漬ける。

ふき

●**旬**…春

●**漬け時間**

…12時間〜1日

葉を切り落とし、茎に塩を軽くまぶして板ずりし、固めにゆがく。すぐに冷水にとってさらし、水気をきって漬ける。筋は漬かってからむくとよい。

ブロッコリー

●**旬**…冬

●**漬け時間**…1日

食べやすい大きさの小房に分け、固めにゆでて冷めてから漬ける。太い茎の部分は縦半分に切り、外側の固い皮をむいて生のまま漬ける。速く漬けたい場合は、茎も固めにゆでてから漬けてもよい。

みょうが

●**旬**…夏・秋

●**漬け時間**

…夏12時間〜1日

秋1日〜1日半

根元の部分が漬かりにくいので、根元に縦に切り込みを入れ、そのまま漬ける。シャキシャキとした歯ごたえや鮮やかな色を残すなら浅漬けがよい。

ラディッシュ

●**旬**…春・秋〜冬

●**漬け時間**

…春・秋12時間　冬1日

葉つきのまま軽く全体に塩をふり、よくもむ。葉がしんなりしたら、水気をしぼって漬ける。赤い色が抜けやすいので、よく塩をすりこむのがポイント。

わらび

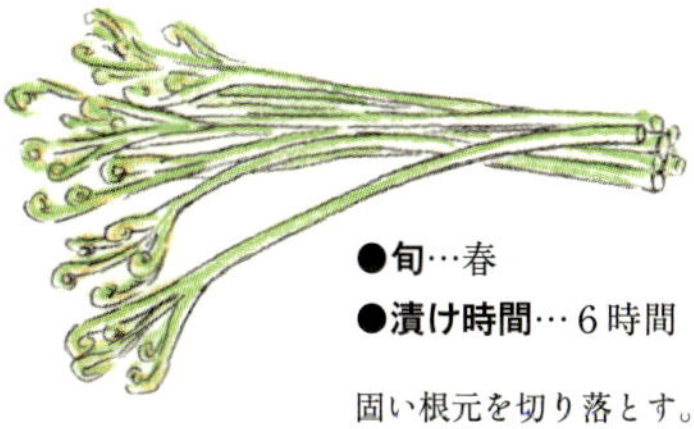

●**旬**…春

●**漬け時間**…6時間

固い根元を切り落とす。大きめの鍋にわらびを並べ、重曹（水1リットルに対し重曹小さじ1杯程度）を加えた熱湯を、わらびがかぶるくらいかける。皿などで軽く重しをして一晩おく。水が緑色になっていたらアク抜き完了。翌日水洗いし、水気をきって漬ける。

魚介・肉類の漬け方

さば

●**旬**…秋～冬
●**漬け時間**…1日

脂ののったさばをぬか漬けにすると、さっぱりとして臭みもなく、一層うま味が増すよう。塩少々をふってしばらくおき、水気をふきとってから野菜のぬか床とは別の袋などで漬けてください。漬けあがったらシンプルに焼いていただくのがおすすめ。さんまやいわし、ぶりなどの青背の魚も同様に漬けられます（下処理はP・21参照）。

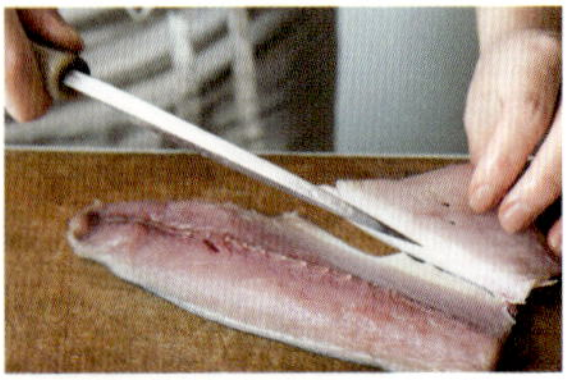

3枚におろして脇骨をそぎ、塩をふる。ぬか床を全体にまんべんなくぬり、密閉袋などに入れて空気をしっかり抜く。

まぐろ

●旬…通年
●漬け時間…
12時間

お刺身用のサクをぬか漬けにします。生のままよりも深みのある味わいになり、また違う素材に感じられるから不思議。カルパッチョなどの洋風アレンジにもよく合います。サクのままぬか床を全体にまぶし、密閉袋などに入れてしっかり空気を抜きます。まぐろの風味を残すよう浅漬けがおすすめ。

海老

●旬…通年
●漬け時間…
12時間〜1日

生の海老もぬか漬けに合います。写真のように下処理をした後、ぬか床を全体にまぶし、密閉袋などに入れて、しっかりと空気を抜いて漬けます。シンプルに焼いてもよし、他の野菜と炒めてもよしとアレンジ自在。長めに漬けて酸味を効かせたものは、エスニック風の味付けにぴったりです。

殻をむいて背に包丁で切り込みを入れ、竹串などで背わたを取り除いて洗う。軽く塩をふり、しばらくおいて水気をふいて漬ける。

イカ

●**旬**…通年
（種類によって異なる）
●**漬け時間**…
12時間〜1日

新鮮な生のイカを漬けます。身を切り開き、足と内蔵を引っ張って取り除きます。皮をむいてよく洗い2〜3等分に切り分けます。水気をふきとり、ぬか床をまんべんなくまぶして密閉袋などで漬けます。漬けあがったら生でも加熱しても美味。えんぺら（耳）や足も漬けられます。

タコ

●**旬**…夏
●**漬け時間**…
12時間〜1日

ゆでダコを漬けます。一度に食べきれる大きさにカットし、かたまりのまま、ぬか床を全体にまぶして密閉袋などに入れ、空気をしっかり抜いて漬けます。漬けあがったら、食べやすい大きさに切り分けてそのままいただけます。歯ごたえのあるタコも、ぬか床の乳酸菌の働きでほろっと柔らかに。

手羽先

●**漬け時間**…1日

1本ずつぬか床をまぶし、密閉袋などに入れてしっかりと空気を抜いて漬けます。漬けあがったら、シンプルに焼いて食べてみてください。味付けなしでも、ふくよかで深い味わいに感激します。ぬかのついたまま、大根やごぼうなどの根菜と煮込むのもおすすめ。肉が柔らかくジューシーになります。

鶏もも肉

●**漬け時間**…1日

一度に食べきれる大きさにカットし、全体にぬか床をまぶして密閉袋に入れ、しっかりと空気を抜いて漬けます。漬けあがったものは、乳酸菌の働きで鶏特有の臭みがなくなり、しっとり柔らかくなっているので、そのまま焼いても、唐揚げにしても、他の野菜と煮込んでもおいしく利用できます。

アボカド

●**旬**…通年
●**漬け時間**…1日〜2日

変わりダネのなかでもファンの多いのが、アボカドのぬか漬け。とろりとして濃厚な味わいの逸品です。完熟したものだとぬか床のなかで崩れやすいので、固めのものを用意し、密閉袋などで漬けます。皮にはワックスがついていたり、残留農薬の危険性があるので、仕上がりの色は悪くなりますが、皮をむいてつけることをおすすめします。

縦半分に包丁をぐるっと入れて割り、種を取る。皮をむいて全体にぬか床をまぶし、密閉袋に入れて空気を抜く。

しいたけ

●**旬**…春と秋
●**漬け時間**…
春・秋１日

しいたけとぬか漬けは相性抜群。市販の干ししいたけでもいいですが、自分で風通しのいい場所で半日ほど干してから漬けても、水分が飛んでよりうま味がアップします。石づきを切り落とし、軸をつけたままぬか床に漬けます。漬けあがったらそのまま、もしくは加熱調理していただきます。

その他のきのこ

（エリンギ、えのき、しめじなど）

●**旬**…秋
●**漬け時間**…
１日

しいたけの他、エリンギやえのき、しめじなどもぬか漬けに向いています。えのきやしめじなどは、ぬか床の中でほぐれてバラバラになりやすいので、だしパックなどに入れてやや長めに漬けるとよいでしょう。漬けあがったら、炒めてしょう油をまわしかけても美味。

きのこ類は干してからしっかり漬けて発酵させれば、そのままでも食べられますが、加熱したほうが安心です。

空豆

●**旬**…初夏
●**漬け時間**…
12時間

初夏の旬の時期に、ぜひ試してみたいのが空豆。豆の甘みとぬか床の酸味があいまって、季節限定のさわやかな風味が楽しめます。小さくてぬか床の中で行方不明になりがちなので、お茶パックなどの袋に入れて漬けるとよいでしょう。乳酸菌の働きで薄皮まで柔らかくなるので、皮ごと食べても。

さやから出し、塩少々を加えた湯で、固めにゆでてざるにあげる。冷めてから薄皮をつけたまま、ぬか床に漬ける。

たまねぎ

●**旬**…春〜初夏・秋
●**漬け時間**…
春・夏2〜3日
秋4〜5日

まるごと漬けて、根元を切り落とし、外側から1枚ずつ包丁ではいで食べていきます。長めに漬けたほうが辛味が抜けておいしくなりますが、ぬか床に臭いが移りやすいので、気になる場合は、密閉袋などで漬けるとよいでしょう。春から初夏に出回る新たまねぎは、辛味が少なくとくに向いています。

外側の薄皮をむき、まるごと漬ける。大きいものや速く漬けたい場合は、根をつけたまま縦半分または四つ割りにして漬けてもよい。

ミニトマト

●**旬**…夏
●**漬け時間**…
12時間

水分が多くて柔らかい大玉トマトは、ぬか漬けには不向きですが、ミニトマトならOK。皮がしっかりしていて漬かりが遅いので、皮に1〜2カ所、薄く切り込みを入れてから漬けるとよいでしょう。熟して柔らかくなったものは、ぬか床の中でつぶれやすいので避けてください。

柿

●**旬**…秋
●**漬け時間**…
12時間〜1日

まろやかで濃厚な甘みが、さっぱりとした後味に変わる柿のぬか漬け。ぬか床そのものに甘みをプラスしてくれる効果もあります。皮まで柔らかく食べやすくなるので、ぜひ皮ごといただきましょう。完熟したものだと、ぬか床の中でつぶれやすいので、熟す一歩手前のものを選ぶようにしてください。

縦半分または四つ割りにして、皮ごと漬ける。漬けあがったら食べやすい大きさに切り分ける。皮ごと食べてもよい。

りんご

●**旬**…秋〜冬
●**漬け時間**…
12時間〜1日

りんごの甘味にほんのりと酸味と塩味がきいて、ぬか漬けでしか味わえない逸品に。フレッシュなりんごの風味を生かした浅漬けのほうが変色もすることなく、おいしくいただけます。皮に有効成分が多いので、無農薬や減農薬のものなら、ぜひ皮ごと漬けていただきましょう。

縦半分または四つ割りにして皮ごと漬け、食べやすい大きさに切っていただく。残留農薬が気になる場合は、皮をむいて漬けてください。

切り干し大根

●**旬**…通年
●**漬け時間**…1日

切り干し大根の甘みは、ぬか漬けの酸味と好相性。水で戻すとうま味が水に流出してしまうので、戻さず乾燥したまま漬けてください。ぬか床の水分を吸って自然に戻るときにぬかの風味をぐんぐん吸収します。ぬか床がゆるいときは、水分調整にも役立ちます。

ぬか床の中でバラバラになりやすいので、お茶パックなどに入れてから漬ける。戻さずに乾燥したままの状態でよい。

昆布

だしを取った後の、柔らかくなった昆布を漬けます。うま味成分のかたまりである昆布を漬ければ、とろりとして一層うま味が増幅します。昆布の種類は、食べやすい日高昆布がおすすめ。ぬか床の風味付けに入れた乾燥昆布も、柔らかくなったら食べられますが、取り出したらまた新しい昆布を追加してください。

●旬…通年

●漬け時間…12時間〜1日

大豆

●**旬**…通年
●**漬け時間**…１日

ほんのり酸味のきいた大豆は、箸が止まらなくなるおいしさ。漬けるのは、柔らかくゆでたり蒸したりした大豆。乾燥大豆は、ぬか床がゆるいときの水分調整に役立ちますが、生のままでは食べられないので必ず加熱してください。小さいのでお茶パックに入れたり、密閉袋などで別漬けにします。

乾燥大豆はよく洗い、たっぷりの水に一晩浸ける。ふっくらと戻ったら、1〜2時間かけてじっくり煮るか蒸してから漬ける。

卵

●**漬け時間**…１日

ほどよい塩気に、不思議と薫製のような独特の香りがして絶品。サラダのトッピングにしても、つぶしてタルタルソースなどにしても、他にはない味わいをプラスしてくれます。お酒のおつまみにもよく合う珍味です。ゆでてから殻をむいてまるごと漬けるので、黄身は半熟でもかまいません。

ゆでてから、殻をむいてまるごと漬ける。

チーズ

●**漬け時間**…1日

チーズとぬか床という発酵食品同士の組み合わせは、外さないおいしさ。カマンベールやゴーダなどどんな種類でも合いますが、酸味や食感などに違いが出るので、いろいろ試してみてください。モッツアレラのような柔らかいタイプは、密閉袋などで別漬けにするのがおすすめです。

豆腐

●**漬け時間**…1日

酸味と塩気がきいて、まるでチーズのような濃厚な味わい。ごはんにもお酒のおつまみにもよし、つぶしてディップなどにしてもよしと応用範囲の広いのも魅力です。豆腐は固めの木綿を選び、しっかり水切りしてからぬか床をまぶし、別漬けします。水分が多いと、ぬか床が傷む原因となります。

木綿豆腐はキッチンペーパーやさらしなどで包み、重石をして2〜3時間おき、しっかり水切りしてから密閉袋などで別に漬ける。

もっと変わりダネ

まだまだあります、変わりダネ。いずれもぬかとの相性は抜群です。思い切って漬けてみたら、意外なおいしさを発見できるかも！

スイカの皮

●旬…夏
●漬け時間
…4～5時間

皮の外側は固いので薄くむき（緑と黒のシマの部分）、食べやすい大きさに切って漬ける。きゅうりに似た味わい。

小メロン

●旬…夏
●漬け時間…1日

天地を少し切り取り、まるごと漬ける。大きいものは縦半分に切る。

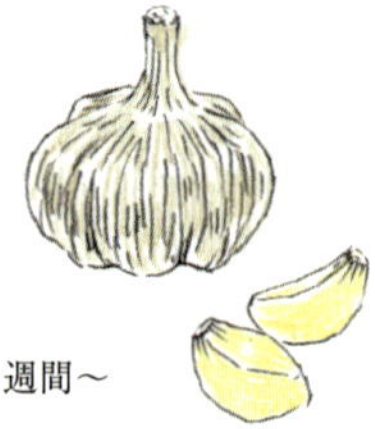

にんにく

●旬…初夏
●漬け時間…1週間～

小片に分け、薄皮をむいて漬ける。長く漬けたほうがおいしくなるが、ぬか床に臭いが移るので、量の入れ過ぎには注意。

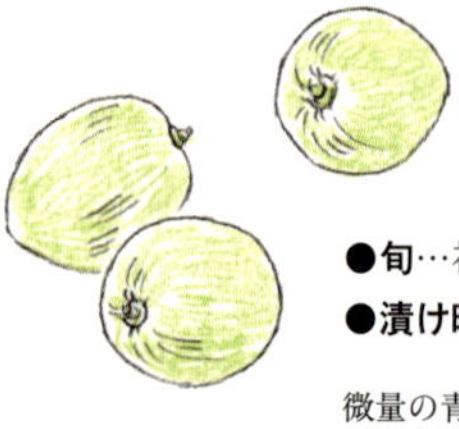

青梅

●旬…初夏
●漬け時間…1週間～

微量の青酸化合物が含まれるが、ぬか漬けにすれば大丈夫。洗って水気を拭いて漬ける。果肉に透明感が出てきたら食べ頃。

あじの干物

●漬け時間…1日

新鮮な干物にぬか床をまぶし、密閉袋などに入れて空気をしっかり抜いて口を閉じる。

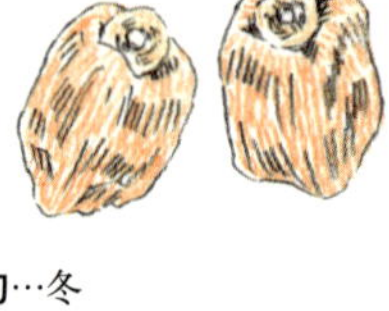

干し柿

●旬…冬
●漬け時間…1～2日

干し柿はまるごと、大きいものは縦半分に切って種を取って漬ける。

3

ぬか漬けカレンダーと
トラブルQ&A

一年を通してぬか漬けを楽しむために、知っておきたいあれこれ。
今はいつでも様々な食材を手に入れやすくなりましたが、
やっぱり野菜や魚は旬にいただくのがおいしく、栄養も豊富。
それはぬか漬けにしても同じです。季節ごとに楽しみたい食材や、
ぬか床のお手入れポイント、そして普段のトラブル対処法を解説します。

ぬか漬けカレンダー

旬の新鮮な野菜を漬けるのが、おいしいぬか漬けをつくる秘訣です。食卓にのぼるぬか漬けの種類で、季節の移り変わりを感じてみませんか。

＊漬け方を解説しているページ数を記載しています。

4月

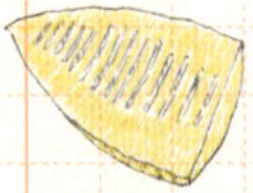

たけのこ

市場に多く流通する孟宗竹は3月半ば頃～5月までが旬。〈P.32〉

ふき

秋から初春にかけても出回るが露地物のピークは3～5月。〈P.33〉

アスパラガス

グリーンアスパラガスの露地物の旬は4月から5月、初夏にかけて。〈P.31〉

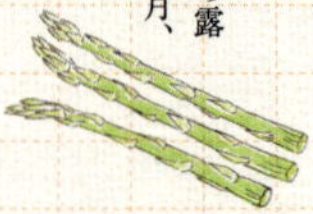

ラディッシュ

年中市場に見られるが、旬は真夏・真冬を除いた春と秋。〈P.33〉

わらび

春の山菜・わらびは西日本では3月から、東北では初夏に旬を迎える。〈P.33〉

空豆

出荷率日本一・鹿児島では4月頃から旬が始まる。初夏まで楽しめる。〈P.42〉

5月

うり

ぬか漬けに適した白瓜は初夏が旬。主に5月頃から秋まで出回る。〈P.31〉

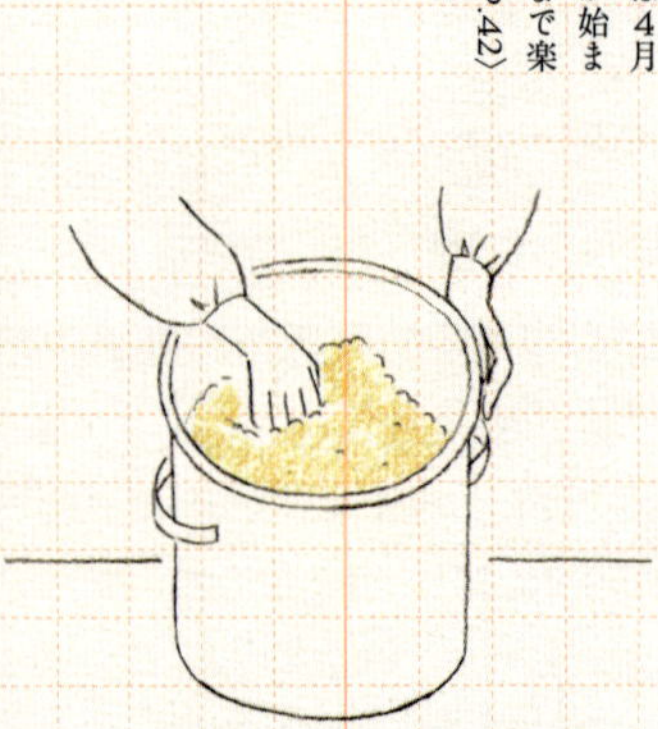

【春のぬか床】

ぬか床にとって最適な気温。新しくぬか床をつくり始めるのにも適しています。

6月

きゅうり
ぬか漬けの代表格きゅうりは6月頃から出回り真夏が最盛期。〈P.24〉

いんげん
夏野菜で旬は6〜9月。短期間で収穫でき三度豆とも呼ばれる。〈P.31〉

青梅
市場で見られるのは数種あるが、いずれも5月、6月が旬。〈P.48〉

ツルムラサキ
6、7月から秋にかけて瑞々しい露地物が多く出回る。〈P.32〉

みょうが
6月頃と9月頃にかけて夏みょうが、秋みょうがとして出回る。〈P.33〉

おくら
旬の6〜9月にかけて緑の濃い瑞々しいものが出回る。〈P.31〉

ズッキーニ
6月から夏にかけ旬を迎え、熟す前の若い状態でいただく。〈P.32〉

7月

かぼちゃ
長期保存がきくため冬でも食べられるが旬は7月〜秋にかけて。〈P.23〉

イワシ
種類や獲れる地域によっても異なるが一般的に7月〜秋にかけて。

8月

茄子
長茄子、丸茄子、米ナスなど多種あるが、ほぼ夏から秋が旬。〈P.28〉

パプリカ
ピーマンの一種であり、同じく夏の7〜9月頃が旬。〈P.29〉

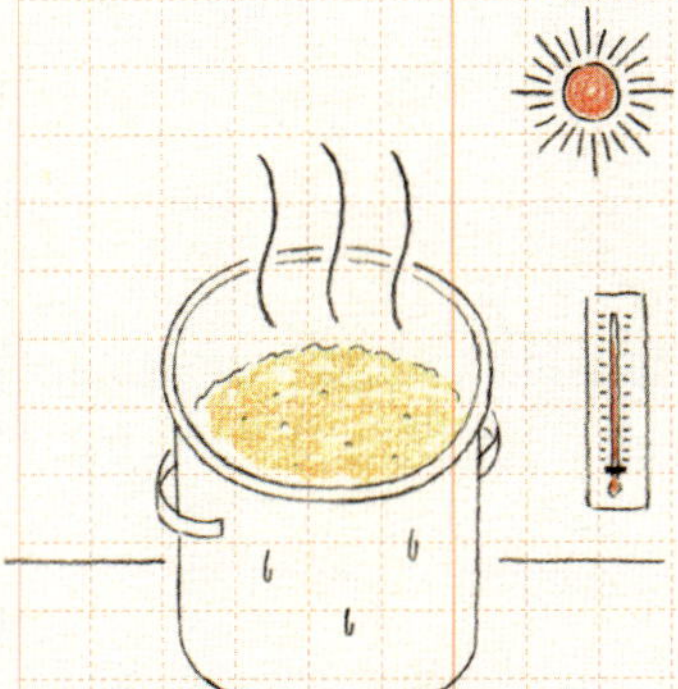

【夏のぬか床】
気温30℃を超える日が続くと、異常発酵しやすくなります。冷蔵庫など涼しい場所へ移動も。

9月

柿
9月から収穫が始まり10、11月にかけて旬を迎える。富有柿が一般的。〈P.43〉

里芋
品種にもよるが晩夏から秋～冬にかけてが旬。貯蔵性が高い。〈P.26〉

新しょうが
ハウス栽培の新しょうがの旬は夏。露地物は10月後半から出回る。〈P.31〉

さんま
最も脂が乗りおいしく頂けるのが日本海を南下してくる9月、10月。

鮭
年中安定して手に入るが、産卵のため海から川へと遡上する秋が旬。

10月

にんじん
一年をかけて各地で生産されるが栄養価が高い旬の時期は9、10月～。〈P.29〉

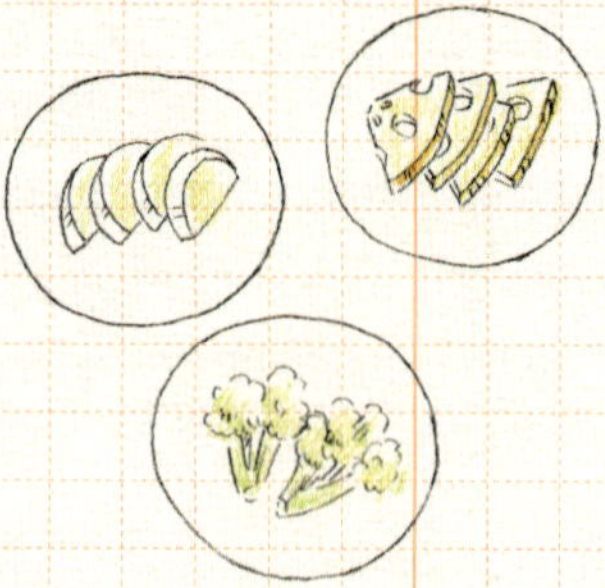

【秋のぬか床】
ぬか床の適温20~25℃の日が多い秋は、発酵が適度で、おいしいぬか漬けができます。

11月

かぶ
一般的な小かぶや京都の聖護院など11月～2月頃が旬。〈P.23〉

白菜
11月頃から旬を迎え、年を越して2月頃までが最もおいしい時期。〈P.32〉

ごぼう
夏、若いうちに収穫されるものもあるが11月から最盛期を迎える。〈P.25〉

長芋
秋掘り（11月、12月）と春掘り（4月、5月）の二回旬がある。〈P.30〉

カリフラワー
通年出回るが、11月～初春にかけてが最もおいしい季節。〈P.22〉

れんこん
10月頃から出回り始め、冬にかけて徐々に栄養価を増していく。〈P.30〉

12月

大根

大根も年中食べられるがお馴染みの青首大根の旬は11月～2月頃。〈P.28〉

小松菜

霜にも強い小松菜。12月～3月頃までおいしく食べられる〈P.25〉

水菜

京野菜で、関東では京菜とも呼ばれる冬の野菜。春先までが旬。〈P.33〉

ブロッコリー

一年を通して安定して流通しているが11月～3月が旬といわれる。〈P.33〉

1月

2月

せり

春の七草の一つだが、露地物の旬はもう少し遅い2月から。〈P.32〉

菜の花

食用の菜の花の旬は2月～4月。花がつぼみのものを選ぶ。〈P.32〉

3月

うど

12月頃から市場に出回り、旬は3月頃。天然の山うどの旬は5月頃〈P.31〉

春キャベツ

産地を変えて夏、冬にも旬があるが、春キャベツは甘く柔らかい。〈P.24〉

セロリ

通年各産地で生産されておりそれぞれ旬があるが、3月頃～の春野菜と言われる。〈P.27〉

新じゃがいも

西日本では3月初旬頃から収穫が始まる。皮が薄く含水量が高い。〈P.27〉

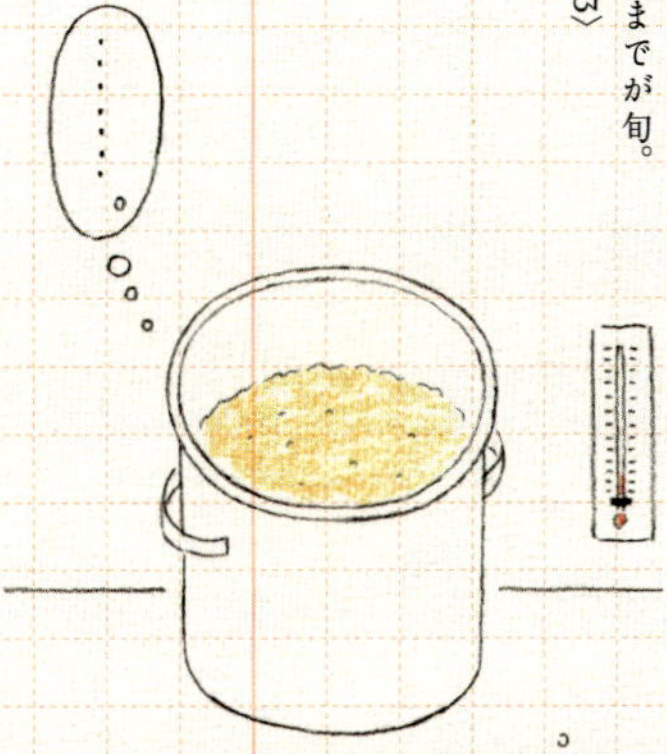

【冬のぬか床】

気温が下がると、一気に発酵がゆるやかに。2～3日かき混ぜなくても平気です。

ぬか漬け・ぬか床なんでもQ＆A

ぬか床は生き物。毎日の手入れの仕方によって、できあがりの味は変わってきます。よりおいしく、自分好みの味に近づけるために、ぬか床のことをもっと知って大事に育てましょう。

ぬか床づくりの準備編

Q1 容器は手に入りやすいプラスチック製でもいいですか？

A1

「食品用」と明記されたポリエチレン製のプラスチック容器なら、ぬか床の塩分や乳酸で溶出することがないので、ぬか漬けにも使えます。ただ、製品によってはビニール臭のようなポリエチレンの臭いが、ぬか床や野菜に移る可能性もあります。また、安価なプラスチック容器のなかには、酸や塩分に弱く、変形しやすいものもあるので注意してください。

おすすめは「臭いがつきにくくもれにくい」「酸や塩に強い」「化学物質などが溶け出ることがない」「中に入れた食材の風味や質が変わりにくい」という条件を満たす、ホーローや陶製、ガラス製。虫やホコリが入らないように蓋つきであることも条件です。木製の樽は通気性がよく、水分を適度に吸収するため、理想的な漬け物容器ですが、水分が抜けすぎたり、臭いがもれたり、虫が発生しやすいという難点もあるため、こまめに手入れができる上級者向けといえます。

Q2 容器はどんな形がいいですか？

ぬか床に野菜を入れたとき、容器の半量ぐらいに収まるとかき混ぜやすい。

A2

米ぬかの3倍以上は入る容量で、隅々までかき混ぜやすくてぬかがこぼれにくく、**酸素に触れる表面積の少ない円筒状**のものがおすすめです。収納や保管のスペースがないというときは、薄型の四角い容器でもかまいませんが、かき混ぜにくいので、ぬか床の中の野菜をすべて出してからかき混ぜるようにするとよいでしょう。

Q3 「生ぬか」が手に入りにくいのですが、どうしたらいいでしょうか。

A3

ぬか漬けにとって、ぬかはかなめ。**精米したての新鮮な「生ぬか」を使うのがベスト**です。お米屋さんや自然食品店などで手に入れることができます。

生ぬかが手に入れられなければ、**スーパーなどでも購入できる「炒りぬか」でも大丈夫**です。生ぬかに含まれるビタミンや酵素は熱で壊れやすく、発酵も遅くなりますが、炒ることで雑菌や虫の繁殖が防げ、保存もきくのがメリットです。

Q4 生ぬかをいっぺんに使い切れなかった。どのくらい持ちますか？

A4

ぬかには脂肪分が多く含まれるため、すぐに酸化してしまいます。また、無農薬の生ぬかほど虫もわきやすくなります。できるだけ精米したてのものを、少なくとも3〜4日ぐらいで使い切るようにしましょう。それ以上保管しておく場合は密閉袋に入れ、空気をしっかり抜いて冷凍しておけば、2〜3ヶ月は変質することなく使えるはずです。炒ってから冷凍してもよいでしょう。

Q5 ぬか床をつくるときに入れた昆布や唐辛子。定期的に加えたほうがよいですか？

A5

昆布はぬか床にうま味を足し、唐辛子はカビやぬかの酸化防止の役割があります。どちらもなくなったら足して、常にぬか床にあるようにしてください。

Q6 ぬか床がなかなか発酵せず、漬かりが悪いです…。

A6

ぬか床の最適温度は20〜25℃前後なので、これより低いと乳酸菌の活動が抑えられ、発酵のスピードがゆるやかになります。暖かいところに移動したり、人肌程度のお湯を入れたペットボトルをぬか床に差し込んだりして、ぬか床を温めてあげてください。

また、ぬか床の水分が少なくぽろぽろした状態でも漬かりが悪くなるので、ぬか床を握ったときに、指の間から水分がしたたるぐらいに床の柔らかさを調節してください。

乳酸菌を活性化するために、ときにはぬか床を休ませるのも一案です。野菜をすべて取り出して常温で3日間ぐらい放置し（真夏は避ける）、酸素の供給を抑えます。その後、しっかりかき混ぜてから、再び漬け始めるとよいでしょう。

ぬか床の毎日のお手入れ編

Q7 やっぱり毎日かき混ぜなくてはダメ？

A7

本来は1日1～2回かき混ぜて、ぬか床に酸素を送り込む必要があります。酸素の嫌いな雑菌の繁殖を抑え、逆に酸素の好きな酵母の活動を活発にするためです。とくに通気性のないポリプロピレン製やホーロー製の容器で漬けている人は、毎日のかき混ぜが必須になります。

「毎日は食べないので、漬け時間が長くなったほうがいい」「どうしても毎日はかき混ぜることができない」という場合は、冷蔵庫で管理する方法も。低温では発酵が遅くなるかわりに、雑菌の繁殖も抑えられるため、毎日かき混ぜなくても傷みにくくなります。ただし、長く冷蔵庫で漬けていると、どうしても乳酸菌の活動が弱まり、特有の風味も薄くなるので、ときどき常温に移すことをおすすめします。

Q8 ぬか床は必ず素手で混ぜなければだめ？ 匂いが付くのが気になります…。

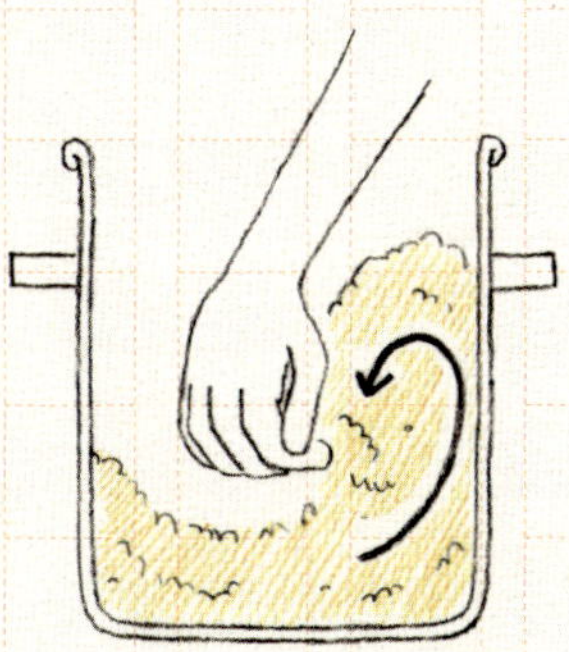

A8

毎日ゴム手袋などを使ってかき混ぜていると、ゴムの臭いが移る可能性があります。また、手にも乳酸菌がついていますから、素手でかき混ぜることで、ぬか床に乳酸菌が移り、その人らしいぬか漬けの味になっていく気がします。ぜひ素手でかき混ぜてください。

切り傷などがある場合、ぬか床の塩分がしみて痛いので、その場合は手袋をするか、他の人に代わってもらうとよいでしょう。

できれば素手でかき混ぜること。水分量などぬか床の状態も直接感じられます。

Q9 なんだかぬか床が〝ゆるく〟なってしまった…。水分を抜いたほうがいいですか？

A9

適度な水分量は、ぬかを握ったときに指の間から水がしみ出すぐらいです。それ以上、水っぽくなると過剰発酵しやすいので、新しいぬかと塩（加えるぬかの重量の7％ぐらい）を足します。また、干ししいたけや切り干し大根、大豆などの乾物を入れると、水分を吸い取って調節してくれるのでおすすめです。入れた干ししいたけや切り干し大根は生のまま、大豆は煮物などにしておいしく食べられます。水分には、野菜の栄養やうま味もしみ出しているので、キッチンペーパーなどで吸い取ったりしないように。

Q10 ぬか床から変な臭いがします。原因は？

A10

シンナーのような鼻にツンとくる臭いの原因は、産膜酵母という酵母の一種です。酸素が好きな好気性菌で、増え過ぎると酢酸エチルを生成して、シンナーのような鼻にツンとくる悪臭を放つようになります。また、ムレた靴下のような臭いがする場合は、ぬか床の底に酸素の嫌いな酪酸菌が増え過ぎています。

いずれもかき混ぜ不足が原因。底からしっかりかき混ぜて、酸素が好きな産膜酵母をぬか床の底へ、酸素が嫌いな酪酸菌をぬか床の表面へ移しましょう。住みにくい環境に動かすことで繁殖が抑えられるからです。

また、ぬか床の水分量が足りなくてもツンとした臭いがし、水分が多くても腐敗臭がするので、水分の調節も大切です。

ぬか床のカビ

Q11

黒や青など、ぬか床に色の付いたカビが！もうぬか床ごと捨てなければダメ？

A11

黒や青、赤などの色つきのカビが繁殖したときは、**すぐにカビの部分を取り除いてください。**カビと接しているぬか床も1cmほどスプーンなどで削り取ります。ぬか床すべてを捨てる必要はありません。

色つきのカビを発見しても、慌てないで。カビの部分だけ取り除けば大丈夫。

Q12

ぬか床の表面に、白いカビのようなものが張ってしまいました。取り除いたほうがよいでしょうか。

A12

表面にうっすら白い膜がはっていたら、それは産膜酵母です。産膜酵母は酸素のあるぬか表面ではくさい臭いを発しますが、酸素のない奥では、ぬか床らしい芳醇な香りの元になるアルコールや脂肪酸などをつくり出します。さらに増えすぎた乳酸菌を食べ、ぬか床が酸っぱくなりすぎないようにしてくれます。**うっすら張ったぐらいなら、ぬか床に混ぜ込んだほうがぬか独特の風味がより強くなります。**

ただし、産膜酵母が増え過ぎると、鼻をツンとつくようなシンナー臭を発して、ぬか漬けの風味を落としてしまいます。もしも表面を覆い尽くすほどの白い膜が張ってしまったら、混ぜ込まずにスプーンなどできれいに取り除いてから、新たにぬかと塩（ぬかの重量の7％ぐらい）を足してください。足しぬかをしたら、少し休ませて乳酸菌の増殖を促してから本漬けに入ります。

Q13 ぬか床を置く場所は？

A13

最も適しているのは年間を通して20～25℃ぐらいの場所。床下収納などがあれば最適ですが、現在の住宅事情では難しいので、夏はできるだけ風通しのよい涼しい場所に、冬は暖かい場所に移動するとよいでしょう。ガスコンロや電子レンジ、エアコンの吹き出し口近くなど、高温になりすぎたり、温度差の激しい場所は避けるように。キッチンが狭くて置けない場合は、直射日光や雨が当たらないようなら、ベランダや庭などでもOKです。

Q14 ぬか床に布巾を掛けたり、重石を載せる必要はありますか？

A14

ふきんに雑菌がついていると、カビたりする原因になるので、使う必要はないでしょう。ふたができれば十分です。また、ぬか床には塩分が含まれているため、自然に野菜の水が抜けますので、重石をかける必要もありません。

保管について

Q15 夏は冷蔵庫で管理してもいい？

A15

ぬか漬けは本来、常温で管理するものですが、真夏の気温30℃を越える日が続くときは、冷蔵庫に入れてもよいでしょう。ぬか床の温度が30℃を越えると、乳酸菌が異常発酵して酸っぱくなりすぎたり、死滅する場合もあるからです。

ただし、冷蔵庫に入れるとぬか床の乳酸菌の活動が悪くなり、漬かりが遅くなるので、必ずぬか床がしっかり発酵して、おいしくなってからにしましょう。また、冷蔵庫に入れっぱなしにしないで、涼しくなったら常温に戻してください。

Q16 旅行で1～2週間留守にするときは、どうしたらいいですか？

A16

漬けている野菜をすべて取り出し、表面にぬかを敷き詰めて、ぬかの重量の7％の塩をふっておけばOK。気温が30℃を超えるときは冷蔵庫に、それ以下のときは風通しのよい涼しい場所で保管します。帰ってきたらそのままかき混ぜて使えます。

Q17 何も漬けず、ぬか床だけを長期保存したい。冷凍保存はできますか？

A17

長期旅行に出かけるときや冬の間はお休みしたい、というときは冷凍保存します。**野菜をすべて取り出し、ぬか床だけ冷凍保存します。**容器ごと入らないようなら、ぬか床を密閉袋に移し、空気をしっかり抜いて封をしてから冷凍庫に。帰ってきて取り出せば、微生物が休眠状態から目覚めて、今まで通りに使うことができます。

野菜をすべて取り出し、ぬか床を密閉袋に移し、空気を抜いて冷凍庫へ。

Q18 ぬか漬けが酸っぱすぎます！ どうしたらいい？

A18

1日1～2回、ぬか床の上下を入れ替えるように、底からしっかりかき混ぜること。乳酸菌は酸素が少ない環境を好むため、かき混ぜが足りないとどんどん繁殖し、酸味のもとになる乳酸を多くつくり出すからです。

気温が高い場合は、できるだけ涼しい場所に移動します。ぬか床の乳酸菌の適温は20～25度ですから、これより高いと酸が多く出てしまいます。また、塩を少し足してみるのも効果的。塩分が乳酸菌の繁殖を抑制してくれるからです。

カルシウムが酸を中和するため、卵の殻を入れる方法もあります。ゆで卵の殻を砕いて、ぬか床に加えます。殻にはサルモネラ菌が付着している可能性がありますが、煮沸したとき、あるいは酸性のぬか床で死滅してしまいます。

ゆで卵の殻をむき、内側の薄皮をむいて細かく砕いてからぬか床に加える。

Q19 ぬか漬けがしょっぱいのですが、どうしたらいいですか？

A19

野菜にふる塩の量が多くて、塩分濃度が高くなっている可能性があります。塩分濃度が高すぎると、ぬか床にいる多くの乳酸菌の活動も弱まり、酸味よりも塩辛さが際立つようになります。新しいぬかを足して塩分濃度を下げてあげましょう。ぬか床を食べてみて、少し塩辛いぐらいが最適な塩分です。

ぬか漬けをもっとおいしく

Q20 茄子やきゅうりの色が変色して、おいしくなさそう…。どうしたら色鮮やかなまま漬けられますか？

A21

さびたクギや鉄のかたまりをぬか床に入れておく方法もありますが、ほかの野菜も黒ずんで色が悪くなってしまいます。焼ミョウバンを使うと色は安定しますが、苦味が出たり、人体に有害なアルミニウムを含むのでおすすめしません。

もっとも手軽で有効なのは、塩でしっかりもむ方法。たっぷりの塩を茄子にこすりつけ、紫色の汁がにじみ出るぐらいまでよくもみます。その後、しっかりしぼってから漬けると、色鮮やかに漬かります。ぬか床に入れたら、動かさないようにすることで、あちこち色移りするのも防げます。

きゅうりも塩もみしてきちんとアクを取り除き、短時間（夏なら5～6時間）で漬けるようにすると色よく保てます。

Q22 いっぺんにたくさんの野菜を漬けても大丈夫でしょうか？

A22

あまりにたくさん漬けすぎると、うまく漬からない場合も。1つ1つの素材がぬか床に十分接している必要があるので、野菜と野菜がくっつかないよう間隔をおいて漬けられる量にしましょう。

野菜のすべての面がぬか床に触れるように、間隔をおいて漬ける。

Q23 ぬか床から出したぬか漬け。洗わず、ぬかごと食べてもいいですか？

A23

ぬかを洗い落としてから食べるのが一般的ですが、**健康なぬか床でしたら、洗わずにぬかごと食べてもかまいません。**よりぬかそのものの栄養やうま味を取り入れることができます。手でさっとぬかをぬぐうだけでもよいでしょう。

Q24 食材はどのくらいの期間、ぬか床に入れっぱなしにしていてよいですか？

A24

しょうがや山椒、昆布、にんにくなどの抗菌や風味付けになるような食材は、**そのままずっと入れっぱなしでかまいません。**3年漬けた古漬けにんにくなども乙なものです。そのほかの野菜や魚肉は、漬かりすぎるとしょっぱすぎたり、溶けてしまったりするので、やはり好みの漬け具合で取り出していただくのがよいでしょう。

Q25 ぬか漬けは、ぬか床から出してどのくらいの期間、おいしく食べられますか？

A25

ぬか床から出したらすぐに食べるのが、もっともおいしくいただく秘訣です。空気に触れた瞬間から酸化が始まり、味も色も悪くなってしまうからです。どうしても食べるまでに時間のあいてしまう場合は、洗ってから切らずにきちっとラップでくるみ、冷蔵庫で保存します。1日以内に食べ切るのがいいと思います。

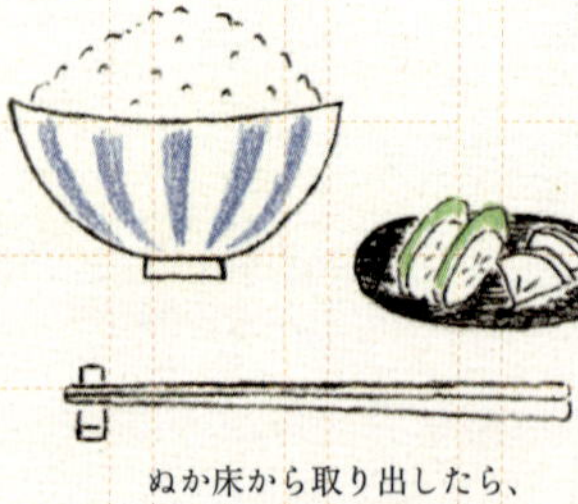

ぬか床から取り出したら、すぐにいただくのがやっぱり一番おいしい！

もっと知りたい

Q26 ぬか床から取り出すとき、野菜についてきたぬかは、そのままぬか床に戻しても問題ないですか？

A26 はい、野菜を取り出したらしっかりしごいて、ぬか床に戻してください。戻さないとどんどんぬか床が減っていってしまいます。

Q26 ぬか床表面が黒っぽくなるのですが、大丈夫ですか？

A26 空気に触れる表面は、どうしても黒っぽくなります。ぬかには脂肪分が多く含まれるため、これが酸素に触れて酸化するからです。混ぜたときに、中のほうがきれいな黄色であれば大丈夫。そのまま混ぜ込んでしまってかまいません。かき混ぜたら、表面をできるだけ平らにならし、酸素に触れる表面積を減らしましょう。

Q27 ぬか床に直接入れないほうがよい食材はありますか？

A27 魚肉類を一緒に漬けると野菜のぬか漬けが生臭くなってしまいます。野菜とは別に、魚肉専用のぬか床をつくるか、密閉袋などで別漬けすることをおすすめします。

アボカドや豆腐などのやわらかくて崩れやすいものも直接ではなく、密閉袋などにぬか床を少量取り分けて別に漬けるほうがよいでしょう。

密閉袋に入れ、食材にまんべんなくぬか床が付くようにまぶす。

Q28 ぬか漬けに向いてない食材ってどんなものですか？

A28

ほとんどの野菜は漬けられますが、ゴーヤやチコリ、**ねぎなどの苦みや臭いの強い野菜や、水分が多い完熟トマトやレタスはおすすめしません。**また、ほぼ無味無臭の高野豆腐も味的にはイマイチです。

ごぼうやかぼちゃ、たけのこ、じゃがいもなどの固い野菜は、一度ゆがいてから漬ければ、えぐみもなくおいしくいただけます。さんまやさば、いわしなどの魚や、肉類などもいろいろ漬けられます。

Q29 おいしくするためにぬか床に入れるといいものは？

A29

うま味を補充する昆布と、防腐作用のある唐辛子を入れたら、ほかにとくに入れなければならないものはありません。**毎日新鮮な野菜を入れてかき混ぜていれば十分**おいしくなります。発酵を促進するために、ビールやヨーグルトなどを入れる方もいますが、とくに入れる必要はないと思います。ヨーグルトの乳酸菌は、ぬか床のように塩分のあるところでは繁殖しづらく、ビールはアルコール臭くなることもあるので、自然界や野菜についている乳酸菌で十分です。慣れてきて、オリジナルの風味を加えたいならば、うま味をアップする煮干し、香りを豊かにしたり防腐作用のある山椒の実、香りを高める柚子やみかんの皮などを入れてもよいでしょう。

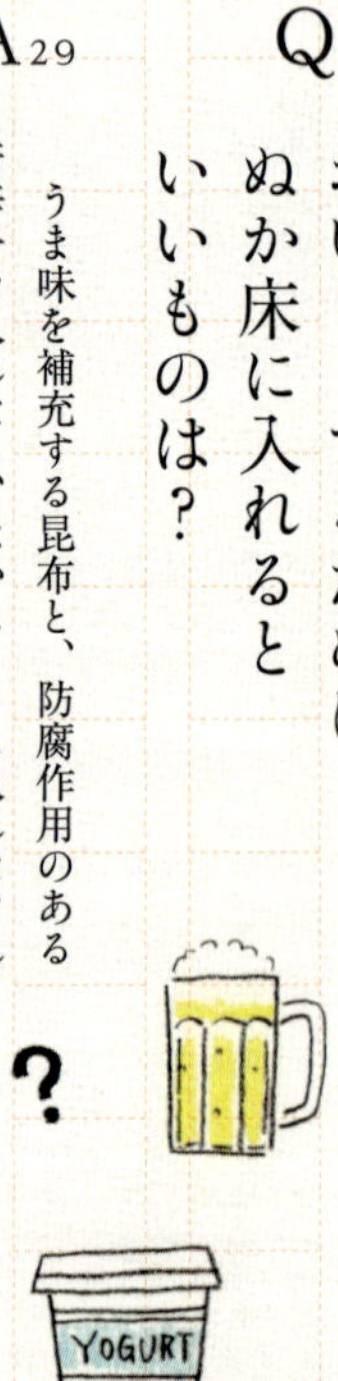

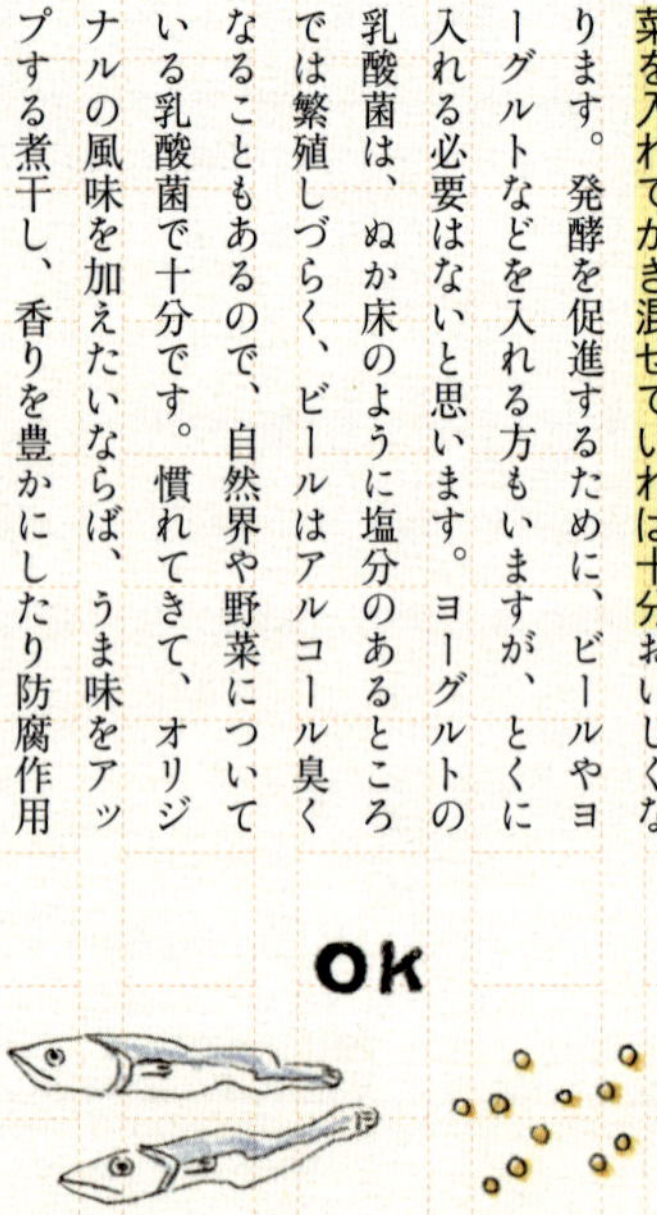

もっと知りたい

Q30 ぬか床が少なくなってきました。足すタイミングは？

ぬか床が減ったら、1kgのぬか床に対してカップ1杯程のぬかと、加えるぬかの重量の7%の塩を足す。

A30

野菜にぬかがたっぷりついたまま取り出したり、かき混ぜるときにこぼれたりして、少しずつぬかは減っていきます。**少なくなったと思ったらカップ1杯程度の新鮮なぬかと、ぬかの重量の7%程度の塩を足す**とよいでしょう。足しぬかをしたらよく混ぜ込み、3〜4日は何もしないで放置して下さい。ぬか臭さがなくなれば、再び漬け込みを始めてください。発酵が遅くなったり、ぬか床の味が変わるので、一度に大量のぬかを足すのは避けてください。

Q31 ぬか床の使用期限はあるの？つくり変えるタイミングは？

A31

ぬか床は半永久的に使えます。なかには親から子へ、孫へと100年以上も受け継がれているぬか床もあります。

ヘンな臭いがしたり、味が落ちたりしても慌てて捨てないでください。新しいぬかや塩を足してあげれば、微生物たちが一生懸命働いて、必ず復活します。長い間放置してカビだらけになった、異臭がひどくて食べられない、というような場合を除いて、捨てたりつくり替えたりする必要はありません。長く漬ければ漬けるほど、味もどんどん深みが増しておいしくなり、ぬか床が安定してトラブルが起こることも少なくなります。ゆっくりと子どもやペットを育てていくつもりで、できるだけ長く続けてください。

Q32
気がついたら長い間そのまま放置していた。また、使える？

A32
何もしないでそのまま長い間放置していたぬか床は、使えない可能性大。酪酸菌や産膜酵母などの腐敗臭をもたらす微生物やそのほかの雑菌が増殖して、ぬか床が臭くなっている可能性が高いからです。長く漬けない場合は、冷凍庫に保存しましょう。

Q33
熟成発酵したぬか床をもらいました。すでに発酵している自分のぬか床と混ぜても良い？

A33
健康な状態のぬか床でしたら、混ぜてもかまいません。また異なる乳酸菌や酵母菌が加わって、ぬか床に新たな風味を足してくれるかもしれません。

4

ぬか漬け・ぬか床を使ったレシピ

ぬか漬けは、ぬか床から出してすぐにいただくのが一番。

でも実は、お料理に使うと、ぬかの味わいと栄養分がたっぷり詰まったぬか漬けがいいアクセントとなり、いつものメニューがひと味違って楽しめます。

ぬか床を調味料として青魚と煮込む「ぬか炊き」も試してみたい一品。

ぬか漬けをもっと日々の食卓に取り入れたくなる提案です。

アボカドクリーム和え

濃厚なアボカドのぬか漬けはクリーム状にして和えたり、
ソースにするのがぴったり。
蒸かしただけのじゃがいもがおしゃれな一品に。

●材料（2人分）

アボカドのぬか漬け
…1/2個
じゃがいも…1個
塩少々
オリーブオイル
…小さじ1

●つくり方

1. アボカドのぬか漬けは、ぬかを洗い落としてなめらかになるまですり鉢でつぶし、塩を加える。
2. 1に蒸かしたじゃがいもを加えてつぶしながら和える。

●使ったぬか漬け

アボカドのぬか漬け…P.40

◎ぬか漬けを使ったメニュー

ぬか漬けを使って、さまざまなアレンジレシピに展開。ほんのりと塩味や酸味がついて、風味も増しているので、いつもより薄味でもおいしくできあがります！

真鯛のカルパッチョ

お刺身用の真鯛を一晩ぬか床に漬けてから薄切りにして、和風カルパッチョに。
うま味がぐっと増して、シンプルなのに深い味わい。

●材料（2人分）

真鯛のぬか漬け…1サク
たまねぎ…1/4個
カルパッチョソース
　しょう油…大さじ1
　酢大さじ…1/2
　みりん…大さじ1/2
　塩少々
　オリーブオイル
　　…大さじ1
ケッパー、
イタリアンパセリ
　…各適量

●つくり方

1. たまねぎは繊維に添って薄切りにし、水にさらす。カルパッチョソースの材料を混ぜ合わせておく。真鯛のぬか漬けはぬかを洗い落とし、5㎜厚さ程度のそぎ切りにする。
2. 皿に水気をきったたまねぎを敷き、真鯛をのせてカルパッチョソースをかけ、好みでケッパー、イタリアンパセリを散らす。塩、こしょうで味を調える。

●使ったぬか漬け

真鯛のぬか漬け…刺身用のものにぬか床を塗り、
密閉袋に入れて一晩漬ける。

豚ロースグリル

調味料は必要なし！　ぬか漬けに一晩漬けるだけで、
乳酸菌の働きでジューシーでやわらかく、うま味たっぷりの焼き上がりに。

●材料（2人分）

豚ロースのぬか漬け…２枚
ごま油適量
里芋…２個

●つくり方

1. 豚ロースのぬか漬けはぬかを洗い落として水気をふきとる。里芋は竹串が入るまで蒸して、半分に切る。
2. フライパンにごま油を入れて中弱火にかけ、豚ロースと里芋を加え、香ばしい焼き色がつくまでじっくり焼く。

●使ったぬか漬け

豚ロースのぬか漬け…ぬか床を全体にまんべんなく塗り、
密閉袋に入れて一晩漬ける。

ねぎぬか鶏

鶏の臭みも一切なく、ふんわりと柔らかくなるのもぬか床のおかげ。
香ばしいねぎの風味とあいまって、調味料は必要としません。

●材料（2人分）

鶏もも肉のぬか漬け
…1枚
長ねぎ…1本
ごま油…大さじ1

●つくり方

1. 鶏のぬか漬けはぬかを洗い落として水気をふき取り、2㎝角程度に切る。長ねぎは厚めの小口切りにする。
2. フライパンにごま油を入れて中弱火にかけ、鶏肉を皮めを下にして焼き、焦げ目が付いたら裏返して両面を焼く。
3. 長ねぎを加えてしんなりするまで炒め合わせる。

●使ったぬか漬け

鶏もも肉のぬか漬け…P.37

イカ団子揚げ

つなぎなし、調味料なしで、驚くほど濃厚なうま味たっぷりのお団子。
ハネやすいイカの揚げ物も、ぬか床に漬けることで水分が抜けるので安心です。

●材料
（直径3㎝大10個分程度）

イカのぬか漬け…１杯
長ねぎ…10㎝長さ程度
しょうが…ひとかけ
いんげん…２本

●つくり方

1. 長ねぎ、しょうがはみじん切りにする。イカのぬか漬けはぬかを洗い落とし、水気をふいてフードプロセッサーですり身にする。
2. イカに長ねぎとしょうがを加えて混ぜ合わせ、さっと濡らした手で一口大に丸める。
3. 片栗粉を薄くまぶし、少し置いてから170℃の油で揚げる。好みで塩ゆでして半分に切ったいんげんを添える。

●使ったぬか漬け

イカのぬか漬け…P.36

ぬか漬け白和え

ほんのり酸味がきいたチーズ風味の白和えは、これまで食べたことのないような新鮮な味わい。

具材もぬか漬けにすると一層奥行きのある味わいに。

●材料（2人分）

にんじんのぬか漬け
…3cm長さ程度
小松菜のぬか漬け…2本
木綿豆腐のぬか漬け
…1/4丁
みりん…小さじ1/2
塩少々

●つくり方

1. 豆腐のぬか漬けはすり鉢でなめらかにつぶし（フードプロセッサーでもよい）、塩とみりんを加えて味を調える。
2. にんじんのぬか漬けはせん切り、小松菜は3cm長さに切る。
3. **2**を**1**で和える。

●使ったぬか漬け

豆腐のぬか漬け…P.47
にんじんのぬか漬け…P.29、小松菜のぬか漬け…P.25

チンジャオロースー

ぬか床に漬けたたけのこは、
下味をつけたようなしっかりした味わい。
定番の中華も、さっぱりと酸味のきいた新鮮な一皿に変わります。

●材料（2人分）

たけのこのぬか漬け…50g
ピーマン…2個
牛ロース薄切り…100g
長ねぎ…10cm長さ
しょうが…ひとかけ
酒・しょう油…各小さじ1
片栗粉…大さじ1/2
ごま油適量

A
にんにく…すりおろし少々
酒…大さじ1
醤油…大さじ1-1/2
酒・みりん…各大さじ1
豆味噌…小さじ1

●つくり方

1. たけのこのぬか漬けはぬかを洗い落として水気をきり、薄切りにする。牛肉、ピーマンは細切りにする。長ねぎ、しょうがはみじん切りにする。
2. 牛肉にしょう油・酒をからめて下味をつけ、片栗粉をまぶす（片栗粉をまぶすことで、肉汁を閉じ込めてしっとりと仕上がり、とろみづけにもなる）。
3. Aをよく混ぜて、合わせダレをつくる。
鍋にごま油を入れて中弱火にかけ、長ねぎ、しょうが、牛肉を入れてほぐしながら炒める。肉に火が通ったら、たけのこ、ピーマンを入れて炒める。
4. たけのこ、ピーマンがしんなりしてきたら、合わせダレを加えてさっと炒め合わせる。

●使ったぬか漬け

たけのこのぬか漬け…P.32

卵のタルタルソース

濃厚な卵のぬか漬けは、それだけでもソースに最適。
きゅうりのぬか漬けを混ぜ合わせることで、より酸味のきいた複雑な味わいに。

●材料（2人分）

卵のぬか漬け…1個
きゅうりのぬか漬け
…1/2本
たまねぎ…1/4個
塩少々
酢…小さじ1
オリーブオイル
…大さじ1
好みでホタテフライ

●つくり方

1. ゆで卵ときゅうりのぬか漬けはぬかを洗い落として水気をふき取り、みじん切りにする。たまねぎもみじん切りにする。
2. 1をすべて合わせ、塩、酢、オリーブオイルを加えてさらによく混ぜ合わせる。フライなどにつけていただく。

●使ったぬか漬け

卵のぬか漬け…P.46、きゅうりのぬか漬け…P.24

アジと柿の春巻き

うま味が凝縮されたぬか漬けのアジは臭みゼロ。
意外な組み合わせですが、柿の甘みとのバランスが絶妙で後を引くおいしさです。

●材料（4人分）

アジのぬか漬け…1尾
柿…1/4個
春巻きの皮…2枚
塩・しょう油各少々
揚げ油適量

●つくり方

1. アジのぬか漬けは、ぬかを洗い落として水気をふき取り、包丁で叩いてミンチにして粘りを出す。柿は皮ごと1cm角に刻む。春巻きの皮は半分に切っておく。
2. アジに塩としょう油、柿を加えて混ぜ合わせ、春巻きの皮で細長く包んで端を水溶き片栗粉（分量外）でとめる。170℃の油でこんがり揚げる。

●使ったぬか漬け

アジのぬか漬け…3枚におろして塩少々をふってしばらくおく。水気をふき取り、ぬか床をまぶして密閉袋に入れて一晩漬ける。

ささみと昆布のスープ

一晩ぬか床に漬けたささみと昆布だから、
だし汁や調味料を加えなくても、
驚くほどうま味のあるスープになります。

●材料（2人分）

鶏ささみのぬか漬け…1本
昆布のぬか漬け…10㎝長さ
しょうが…1/2かけ
長ねぎ…5㎝長さ程度
ごま油少々
白炒りごま少々
水…300㎖

●つくり方

1. 鶏ささみのぬか漬けは、ぬかを洗い落として水気をふき取り、小さく割く。昆布のぬか漬けはせん切りにする。しょうがはせん切り、長ねぎは斜め薄切りにする。
2. 鍋にごま油を入れ、しょうがと長ねぎ、昆布を加えて炒める。香りが立ったらささみと水を入れ、中弱火で10分ほど煮る。器に盛り、炒りごまをふる。

●使ったぬか漬け

鶏ささみのぬか漬け…ぬか床をまぶして密閉袋に入れ、一晩漬ける。
昆布のぬか漬け…P.45

きのこのペンネ

チーズとぬか漬けのW発酵食品は好相性。2～3種類のきのこを加えることで、
一層うま味が深まり、まったりと濃厚な味わいに。

●材料（2人分）

しめじ、エリンギ、
しいたけのぬか漬け
…合わせて150g程度
ペンネ（乾）…120g
にんにく…ひとかけ
オリーブ油…大さじ1
豆乳…大さじ1
パルミジャーノ…適量
塩・こしょう・
しょう油各少々
パセリ適量

●つくり方

1. ペンネはたっぷりの湯に2％（分量外）の塩を加えてアルデンテにゆでる。
2. きのこのぬか漬けは、ぬかを洗い落として水気をきり、食べやすい大きさに切る。にんにくはみじん切りにする。
3. フライパンにオリーブ油、にんにくを入れて弱火で熱して香りを出し、きのこを加えてさらに炒める。ペンネ、豆乳、おろしたパルミジャーノを入れ、塩、こしょう、しょう油で味を調える。器に盛り、好みでパルミジャーノ、パセリをかける。

●使ったぬか漬け

きのこ類のぬか漬け…P.41

りんごと白菜の和え物

シンプルな和え物も、ぬか床に一晩漬けたりんごを加えるだけで、複雑なうま味がプラス。

ひと味違う上品な小鉢になります。

●材料（2人分）

りんごのぬか漬け
…1/2個
白菜…2枚
しょうが…1/2かけ
昆布…5㎝長さ
柚子…1/2個
塩少々

●つくり方

1. 白菜は食べやすい大きさに切って塩少々をふってしばらくおき、水気をしぼる。りんごのぬか漬けはぬかを洗い落として水気をきり、いちょう切りにする。しょうがはせん切りにする。昆布はぬれた布巾で包んで柔らかくなったら、キッチンばさみなどで細切りにする。柚子はしぼって、皮はせん切りにする。
2. 白菜、りんご、しょうが、昆布を混ぜ合わせ、柚子のしぼり汁と皮を加えて混ぜ合わせる。

●使ったぬか漬け

りんごのぬか漬け…P.44

◎古漬けを使ったメニュー

きゅうりならば常温で2日。冬大根なら4日以上と、漬ける素材や季節、保存している場所によっても漬ける日数は異なりますが、酸味や塩気がぐっと強く感じられるようになるのが古漬け。料理にも、そのインパクトの強さを存分に生かして取り入れましょう。

だしのっけうどん

山形の郷土料理だし。
暑い夏にさらさらと食べられるのが特徴ですが、
古漬けを使えばよりさっぱりと食べやすく栄養価もUPします！

●材料（2人分）

きゅうりの古漬け…1/2個
かぶの古漬け…1/2個
みょうがの古漬け…1本
茄子の古漬け…1/2本
うどん…2人前

A
だし汁1-1/2カップ
しょう油大さじ1/2
みりん大さじ1/2

●つくり方

1. きゅうり、かぶ、みょうが、茄子の古漬けは、ぬかを洗い落として水気をきり、5㎜程度の粗めのみじん切りにして**A**を加えて合わせておく。
2. うどんをゆでてざるにあげ、流水でもみ洗いして水気をよくきる。
3. 器にうどんを盛り、**1**をかけていただく。

●使った古漬け

きゅうり…P.24、かぶ…P.23、みょうが…P.33、茄子…P.28の漬け方をそれぞれ参考に、夏は12時間、冬は1日以上漬け時間をプラスして古漬けに。

大豆と紅しょうがのかき揚げ

重くなりがちな揚げ物も、ぬか漬けを具材に選べば後味さっぱり。
古漬けの大豆と紅しょうがの酸味がよく合います。

●材料（2人分）

大豆の古漬け
…1カップ
紅しょうが…20g
小麦粉…大さじ1
衣｜薄力粉大さじ4
｜水大さじ5〜6
揚げ油適量

●つくり方

1. 大豆の古漬けは、ぬかを洗い落として水気をきる。衣の材料をさっくりと合わせておく。
2. 大豆と紅しょうがを合わせてボウルに入れ、小麦粉を薄くふって混ぜておく。
3. **2**を衣に加え、おたまなどで1個分ずつ取って170℃の油で揚げる。

●使った古漬け

大豆…P.46の漬け方を参考に、夏は半日（12時間）、
冬は1日以上漬け時間を多めにすると古漬けになります。

太巻き

しっかり味のついた古漬けは、お寿司のネタにぴったり。
具材の下煮などをしなくていいので、ぬか床から出してすぐできます。

●材料（2人分）

にんじんの古漬け
…7㎜角×長さ20㎝を2本
ごぼうの古漬け
…7㎜角×長さ20㎝を2本
きゅうりの古漬け
…7㎜角×長さ20㎝を2本
まぐろの古漬け…100g
酢飯…300g程度
海苔…2枚

●つくり方

1. 古漬けはぬかを洗い落として水気をきり、海苔の長さに合わせてそれぞれスティック状に切る。
2. 海苔に酢飯をのせ、1を中央に置いて巻く（野菜が短い場合は、何本かを組み合わせてもよい）。ぬれ布巾で包丁をしめらせながら、好みの厚さに切り分ける。

●使った古漬け

漬け方はにんじん…P.29、ごぼう…P.25、
きゅうり…P.24、まぐろ…P.35を参照。
夏は半日、冬は1日以上漬け時間を多めにすると古漬けに。

アジの冷や汁

ぬか床で一日以上漬けたアジの古漬けを使います。
しっかりと塩気がきいてうま味も増しているので、だし汁でのばすだけで絶品です。

●材料（2人分）

アジの古漬け…2尾
しそ…4枚
きゅうり…1本
しょうが…ひとかけ
白炒りごま…小さじ1
麦飯…茶碗2杯分
（米1合に大麦
大さじ1の割合）
だし汁…1～2カップ
（固さは好みで調整）
しょう油少々

●つくり方

1. きゅうりは輪切りにして塩でもみ、水気を切る。しそ、しょうがはせん切りにする。アジの古漬けは、ぬかをさっと洗って水気をふき取り、グリルで焼く。
2. アジの背骨を除いてほぐしながらすり鉢に入れ、よくする。
3. だし汁を加えてすりのばし、きゅうり、白ごまを加えて混ぜ合わせる。味を見て足りなければしょうゆを加える。
麦飯にかけて、しそ、しょうがをのせていただく。

●使った古漬け

アジは、3枚におろしてぬかをまぶし、
密閉袋に入れて空気を抜き、一日以上漬けて古漬けに。

3色ナムル

熱したごま油の香ばしさがポイント。
酸味が強く感じられるときでも、油の力を借りるとマイルドになります。

●材料（2人分）

にんじんの古漬け…4㎝長さ程度
しいたけの古漬け…2枚
春菊の古漬け…3～4本

A しょうが（すりおろし）小さじ1/2
白炒りごま小さじ1
ごま油小さじ1

B にんにく（すりおろし）一片分
白炒りごま小さじ1
ごま油小さじ1

C しょうが（すりおろし）小さじ1/2
黒炒りごま小さじ1
ごま油小さじ1

●つくり方

1. にんじんの古漬けは、ぬかを洗い落として水気をきり、せん切りにする。しいたけの古漬けは、ぬかを洗い落として水気をきり、軸も傘もせん切りにする。春菊の古漬けは4㎝長さに切る。
2. **A**、**B**、**C**のごま油は熱しておく。
3. にんじんに**A**を加えて混ぜ合わせる。しいたけに**B**を加えて混ぜ合わせる。春菊に**C**を加えて混ぜ合わせる。

●使った古漬け

基本の漬け方は、にんじん…P.29、しいたけ…P.41を参照。春菊は塩もみして水気をしぼって1日漬ける。それぞれ夏は半日、冬は1日以上多めに漬けると古漬けになります。

夏野菜と豚肉の辛味噌炒め

酸っぱい古漬けはコクのある豆味噌と相性抜群。
辛味と酸味がきいたインパクトのある味は、食欲を増進してくれます。

●材料（2人分）

茄子の古漬け…１本
赤・黄パプリカの古漬け
…各１個
豚バラ肉…100g 程度
にんにく…一片

A
豆味噌大さじ１
酒大さじ 1/2
みりん大さじ１
豆板醤小さじ 1/2
ごま油適量

●つくり方

1. 茄子、パプリカの古漬けは、ぬかを洗い落として水気をきり、食べやすい大きさに切る。にんにくはみじん切りにする。
2. フライパンにごま油を入れ、中弱火でにんにく、豚肉を炒める。
3. 豚肉に火が通ったら **1** のぬか漬けを加えて炒め合わせる。
4. Ａを加えてさっと混ぜ合わせる。

●使った古漬け

茄子…P.28、パプリカ…P.29 が基本のぬか漬け。
それぞれ夏半日、冬１日以上長く漬けて古漬けに。

きのこのパテ

これは何が入っているの？と必ず聞かれる、濃厚でコクのあるパテ。

きのこはどんな種類でもかまいませんが、数種類を組み合わせると、より味に深みが出ます。

●材料（2人分）

きのこの古漬け
…150g
たまねぎ…1/2個
なたね油…大さじ1
味噌…大さじ1/2
塩・こしょう少々

●つくり方

1. たまねぎはみじん切りにする。きのこの古漬けは、ぬかを洗い落として水気をきる。
2. フライパンにたまねぎときのこを入れてしんなりするまでよく炒める。
3. 2をフードプロセッサーに移して味噌となたね油を加え、なめらかになるまで撹拌したら、塩、こしょうで味を調える。好みのバゲットや野菜につけていただく。

●使った古漬け

きのこ…P.41は夏は半日、
冬は1日以上長く漬けると古漬けになります。

サワーフライドポテト

定番のフライドポテトも、古漬けのじゃがいもを使えば、驚きのおいしさ。
サワークリームの風味を感じますよ。

●材料（2人分）

じゃがいもの古漬け
…大1個
片栗粉…大さじ1
こしょう少々
タイム適量
揚げ油適量

●つくり方

1. じゃがいもの古漬けは、ぬかを洗い落として水気をよくふき取り、皮つきのままくし形に切る。タイムは細かく刻んでおく。
2. じゃがいもにタイムと片栗粉をまぶし、少なめの油で揚げ焼きにする。
3. 器に盛ってこしょうをかけ、好みでタイムの葉を散らす。

●使った古漬け

じゃがいも…P.27 は夏なら半日、
冬なら1日以上長く漬けると古漬けに。

豆腐のカプレーゼ

豆腐の古漬けはまるでチーズ。フルーツとカプレーゼにすると、おしゃれな前菜に。
柿のほかにいちじくや桃、洋梨でもおいしいです。

●材料（2人分）

絹豆腐の古漬け
…1/4丁
柿…1個
オリーブオイル
…大さじ1/2
塩少々
粗挽き黒こしょう少々
バジル適量
はちみつ適量

●つくり方

1. 豆腐の古漬けは5㎜～1㎝の幅に切る。柿も豆腐と同じ幅に切る。
2. 皿に豆腐と柿を交互に並べ、上からオリーブオイル、塩、こしょう、はちみつをかけ、バジルを散らす。

●使った古漬け

豆腐（絹）…P.47の漬け方を参考に、
夏は半日、冬は1日漬け時間をプラス。

サンラータン風鍋

古漬け野菜、トマト、黒酢の３種の酸味があいまって、
深みのある味わいを醸し出します。
酸味はピリリとした辛味と相性抜群です。

●使った古漬け

にんじん…P.29、しいたけ…P.41、たけのこ…P.32はそれぞれ夏半日、冬１日以上長く漬けると古漬けに。

●材料
（つくりやすい量2〜3人分）

にんじんの古漬け…5cm長さ程度
しいたけの古漬け…1枚
たけのこの古漬け…50g
トマト…１個
木綿豆腐…1/3丁
黒きくらげ…１枚
長ねぎ…５cm長さ程度
卵…１個、水…２カップ
酒…大さじ1、しょう油…小さじ1
片栗粉…大さじ1/2
（同量の水で溶く）
黒酢…小さじ１、塩少々
黒こしょう少々、ラー油少々
パクチー…お好みで

●つくり方

1. 古漬け野菜は、ぬかを洗い落として水気をきり、細切りにする。トマトは乱切りにする。豆腐は食べやすい大きさに切る。黒きくらげは水で戻して細切り、長ねぎは斜め薄切りにする。
2. 鍋に水と**1**の古漬けを入れて中弱火で煮る。ひと煮立ちしたら、豆腐とトマト、黒きくらげ、長ねぎを入れて３〜４分煮込み、酒としょう油で調味する。
3. 水溶き片栗粉でとろみをつけ、溶き卵を流し入れて火を止める。黒酢と塩を加えて味を調え、器に盛って黒こしょう、ラー油をふり、好みでパクチーを飾る。

炒飯

味のしっかりついた古漬けなら、炒飯も味付けいらず。
漬かりが浅い場合は、好みで塩やしょう油で味を調えてください。

●材料（2人分）

小松菜の古漬け
…3～4本
ごぼうの古漬け
…10cm長さ程度
にんじん
…3cm長さ程度
にんにく…一片
卵…1個
ごま油…大さじ1
ごはん…茶碗2杯分

●つくり方

1. 小松菜とごぼうの古漬けは、ぬかを洗い落としてよく水気をきり、みじん切りにする。にんじん、にんにくもみじん切りにする。卵はよく溶いておく。
2. 中華鍋を中弱火にかけて熱し、ごま油の半量を入れる。溶き卵を加えて手早く混ぜ、ふわっと固まってきたらすぐに取り出す。
3. 同じ中華鍋に残りの油を加え、にんにく、にんじん、古漬け野菜の順に加えてよく炒める。野菜に火が通ったらごはんを加えて炒め合わせ、卵を戻し入れてさっくりと混ぜ合わせて器に盛る。

●使った古漬け

小松菜…P.25、ごぼう…P.25
それぞれ夏半日、冬1日以上長く漬けると古漬けになります。

タイ風やきそば

よく漬かった厚揚げの古漬けの、奥行きのある味わいが、
エスニック感を引き出してくれます。お好みでナンプラーを足しても。

●使った古漬け

厚揚げにぬか床をまぶして密閉袋に入れ、2日以上漬けて古漬けに。

●材料（2人分）

厚揚げの古漬け
…1個
タイビーフン
…150g
にら…5本
干しえび…10g
もやし…60g
卵…1個
落花生…適量
レモン…1/4個
塩・しょう油各少々
ごま油
…大さじ2
水…大さじ1

●つくり方

1. 厚揚げの古漬けは、ぬかをさっと洗い落として水気をふき取り、2cm程度の角切りにする。タイビーフンはたっぷりの湯に10分ほどつけて戻し、ざるにあげて水気を切る。にらは3cm長さに切る。もやしはゆでてざるにあげ、水気をきっておく。卵はよく溶いておく。
2. 中華鍋を中弱火にかけて熱し、ごま油の半量を入れる。溶き卵を加えて手早く混ぜ、ふわっと固まってきたらすぐに取り出す。
3. 同じ中華鍋に残りの油を足し、干しえびを入れて炒め、香りが立ったら麺と水を加えてほぐしながら炒める。
4. 麺が半透明になったら厚揚げと卵を戻し入れ、もやしとにらを加えてさっと炒め合わせる。塩、しょう油で味を調え、器に盛って砕いたピーナッツを散らし、レモンを絞っていただく。

◎ぬか床を使ったメニュー

ぬか床をそのまま料理に利用すれば、うま味も栄養価もさらに高まります。水分があるので煮物にするのがおすすめ。使用するのは、イヤな臭いのしない健康なぬか床であることが条件です。

さばのぬか炊き

北九州の郷土料理。
ぬか床の作用でさばの臭みもなくなり、
ふっくら柔らかく仕上がります。
味噌煮よりも濃厚でやみつきになるおいしさ。

●**材料（2人分）**

さば…半身	A	水100㎖
しょうが…ひとかけ		しょう油
ぬか床… 20g 程度		みりん
		酒各大さじ1

●**つくり方**

1. さばは食べやすい大きさ（半身を2〜3等分）に切る。しょうがはせん切りにする。
2. 鍋にAを入れて中弱火にかけ、沸いたらさばとしょうがを加えて10分程煮る。
3. ぬか床を加えて弱火で2〜3分炊き、煮汁とぬか床がなじんだら器に盛る。

ぬかの風味を生かすために、最初に煮汁でさばを煮てから、仕上げにぬか床を加える。ぬか床を加えると焦げやすいので注意を。

豚のぬか山椒煮

ぬか床に調味料を加えた床に一晩漬け込み、
その漬け床ごと煮込みます。
ぬか床や味噌の発酵効果で、
短時間でも驚くほど柔らかに！

●材料（つくりやすい量）

豚かたまり肉… 300g
ぬか床… 50g
味噌… 50g
酒… 50mℓ
みりん… 35mℓ
実山椒… 10 粒程度
（実山椒はゆでてあるもの、なければ佃煮や粉山椒でもよい。粉山椒の場合の分量は小さじ 1/2 程度）
しょうが…ひとかけ
水… 3 カップ

●つくり方

1. 豚かたまり肉を密閉袋に入れ、ぬか床、味噌、酒、みりんを加えて一晩漬け込む。
2. 鍋に 1 を漬け床ごと入れ、水、しょうがの薄切り、実山椒を加えて中弱火にかける。沸いたら弱火にして、竹串がすっと通るまで、ことこと 40 ～ 50 分炊く。食べやすい大きさに切り分けていただく。

豚かたまり肉を密閉袋に入れ、ぬか床や味噌などを加えて一晩漬け込む。漬け床ごと鍋に入れて煮込む。

◎ぬかを使ったメニュー

生ぬかや炒りぬかも、料理やスイーツに利用できます。ほんのりとした甘みや風味は、まるできな粉のよう。ぜひ無農薬のぬかで試してみてください。

生ぬかグラタン

生ぬかを表面にふって
焦げ目がつくまで焼けば、まるで粉チーズ。
酒粕のうま味とコクもきいています。

●材料（2人分）

生ぬか…大さじ2
かぶ…1個
里芋…2個
オリーブ油…適量
塩少々

A
豆乳1カップ
酒粕大さじ1
葛粉大さじ1-1/2
塩小さじ1/2

●つくり方

1. かぶは皮ごとくし形に切る（12等分程度）。里芋は竹串がすっと通るまで蒸して、粗熱がとれたら皮をむき、食べやすい大きさに切る。

2. フライパンに油を入れて中弱火にかけ、かぶを並べて塩少々をふり、切り口に焼き色がつくまでじっくり焼く。

3. **A**を小鍋に入れてよく混ぜ合わせ、葛粉と酒粕を溶いておく。弱火にかけて、とろみがつくまで混ぜる。

4. 耐熱皿に**2**のかぶと里芋を並べ、**3**をかけて生ぬかを散らす。グリルやトースターで表面に焦げ目がつくまで5～6分ほど焼く。

炒りぬかバーグ

炒りぬかがパン粉の代わりにつなぎになります。
ぬかの甘みが加わって、ふわふわの仕上がりに。

●材料（2人分）

炒りぬか…15g
たまねぎ…1/4個
合い挽き肉…150g
塩・こしょう…各少々
オリーブ油…適量
ソース｜バルサミコ酢、しょう油、みりん、各大さじ1
付け合わせのまいたけ…50g程度
付け合わせのブロッコリー…適量を塩ゆでしておく

●つくり方

1. たまねぎはみじん切りにして炒めておく。まいたけは石づきを取ってほぐしておく。ソースの材料は合わせておく。
2. ボウルに合い挽き肉、たまねぎ、炒りぬか、塩、こしょうを入れて粘りが出るまで混ぜ合わせ、2等分にして小判型に丸める。
3. フライパンに油を入れ、中弱火にかけてハンバーグを並べ、焼き色をつける。フライパンの空いているスペースにまいたけを加える。ハンバーグをひっくり返して両面に焼き色をつける。
4. ソースの材料を小鍋に入れて中弱火にかけ、とろみをつける。
5. ハンバーグと付け合わせのまいたけ、ブロッコリーを皿に盛り、ソースをかけていただく。

炒りぬかクッキー

炒りぬかの香ばしさがアクセント。
ぬかに甘みがあるので、糖分は控えめでOK。卵や乳製品も不使用です。

●材料
（直径3㎝25個分）

炒りぬか…10g
薄力粉…100g
ベーキングパウダー
（アルミニウムフリー）
…小さじ1/2
塩少々
はちみつ…大さじ1-1/2
なたね油…大さじ2

●つくり方

1. 炒りぬかと薄力粉、塩、ベーキングパウダーをボウルに入れてよく混ぜる。
2. 別のボウルになたね油とはちみつを入れて泡立て器でよく混ぜ合わせ、**1** に加えて、へらで切るように手早く合わせて生地をまとめる。
3. **2** を冷蔵庫で30分ほど寝かせて生地を5㎜厚さにのばして型抜きする。
4. 180℃に温めたオーブンで10分ほど焼く。天板ごと取り出し、そのままさます。

生ぬかカステラ

絵本『ぐりとぐら』に登場するような
フライパンでつくるカステラ。
ポイントは弱火でじっくり火を通して、
こんがり焼き色をつけることです。

●材料（2人分）

生ぬか…大さじ2	てん菜糖…30g
薄力粉…80g	はちみつ…大さじ1
卵…2個	なたね油…少々

●つくり方

1. 卵黄にてん菜糖を加えて泡立て器でよく撹拌する。はちみつを加えてさらに撹拌する。

2. 卵白は角が立つくらいよく泡立て、**1**に加えてさらに撹拌する。

3. 生ぬか、薄力粉を合わせて**2**にふるい入れ、さっくりと混ぜ合わせる。

4. フライパンに油をぬり、**3**を流し込んでアルミホイルをぴっちりかぶせてふたをし、弱火で10～15分ほど焼く。裏返して5分ほど焼き、竹串をさして何もついてこなければできあがり。
＊焦げやすいのでときどき濡れ布巾の上に乗せて冷ましながら焼くとよい。

◆コラム

私の発酵生活

ぬか漬けをはじめ、味噌、納豆、梅干し、しば漬け、白菜漬け、たくあん、べったら漬け…などなど、我が家では一年を通して季節ごとにたくさんの発酵食品や漬け物をつくっています。梅の実の時季も、山椒の実のなる時季もごくわずか。季節は待ってくれませんから タイミングを逃さないよう、それはもう大忙しです。

でも、仕事や家事、育児に追われながらでも、不思議と「まぁ、今年は漬けなくてもいいか」と思うことは一度もありません。冷たい水で何十本もの大根を洗ったり、梅の実に黙々と竹串で穴を開けたり、ひたすら大豆をつぶしたり…、そんな一つ一つの作業の積み重ねが愛おしく、誇らしく、シンと静まり返った心で、野菜や果実と向き合う時間が好きなのです。そうしてできあがった漬け物たちは、季節の贈り物として、家

大ちゃんが生まれた年に、庭になった梅で漬けた「大ちゃん梅干し」。
100歳になるまで毎年誕生日に1粒ずつ食べてほしいと、100個漬けました。

族や迎えるお客様たちの心と体を、ほっこりと温めてくれるのです。外食でちょっと食べ過ぎたな、胃がもたれるな、というときも、まるで薬のように、ぬか漬けや納豆、味噌汁を食べる。そうすると、胃も腸も気持ちも、すーっと落ち着いてくるのです。

季節の発酵食品づくりは、祖母や母から私に受け継がれ、そして今は息子の大ちゃんへと伝わっています。大ちゃんは、なんと2歳で小さなマイぬか床を持ちました。ぬかをあちこちこぼしながらも、せっせと好きな野菜を漬けています。気が向かないと放置されるので、私がかき混ぜるぬか床が増えてしまうのですが、この床を何十年と育てて、嫁入り道具のように持って行ってほしいなぁ、そうやっていつも発酵食品や微生物の存在を身近に感じて育ってほしいなぁと思います。

発酵食品は十人十色。ぬか漬けも、教室で同じ材料で同じようにつくっても、少しずつ違う味わいになります。それが発酵食品のおもしろいところで、その人の手や住まい、野菜についている微生物の種類によって、その人らしい味、〝家庭の味〟というものができあがっていくように思います。とくに毎日のようにかき混ぜるぬか漬けは、その人のまわりにいる菌で構成されていくのではないでしょうか。自分のまわりにいる菌が棲みついたぬか床は、自分にもっとも合う菌であり、自分自身や家族の体を調えたり、一番おいしいと思えるぬか漬けの味になるのではないでしょうか。

5

うれしい、ぬか漬けの健康効果

同じ生の野菜でも、ぬか漬けにすることでうまみや栄養価がアップすることがあります。ぬか床のなかで、微生物がどのような働きをして発酵し、おいしくて健康にも良いぬか漬けができあがるのでしょうか。私たちの生活になじみ深い発酵食品の力を解説します。

監修　農学博士・宮尾茂雄氏
（東京家政大学教授、中国・四川大学客員教授、日本伝統食品研究会副会長、全日本漬物協同組合連合会常任顧問）

発酵ってなんだろう？

発酵食品には、122ページで紹介するように、私たちの食卓でお馴染みのものがたくさんあります。あれもこれも実は発酵食品。なかでも、いわゆる植物性乳酸菌を多く含むぬか漬けは、腸内環境を整え、また、疲労回復や食欲増進・消化促進作用のあるビタミンB_1も多く含みます。ぬか床のなかでどんな変化が起きて、栄養たっぷり、おいしいぬか漬けができあがっていくのでしょうか。まずは一般的な発酵のしくみから見ていきましょう。

●発酵のメカニズム

発酵とは、微生物（※下記）が野菜や肉、魚、牛乳といった原料（食材）に付着し、その成分を栄養源として代謝するとき、原料にはなかった様々な風味成分や栄養素が生まれることを言います。

微生物が有している酵素は、原料に含まれるタンパク質やデンプン質を分解する触媒となります。結果、アミノ酸や糖分、ビタミンといった栄養素ができあがるのです。

そこで人間にとって有益なものができあがれば

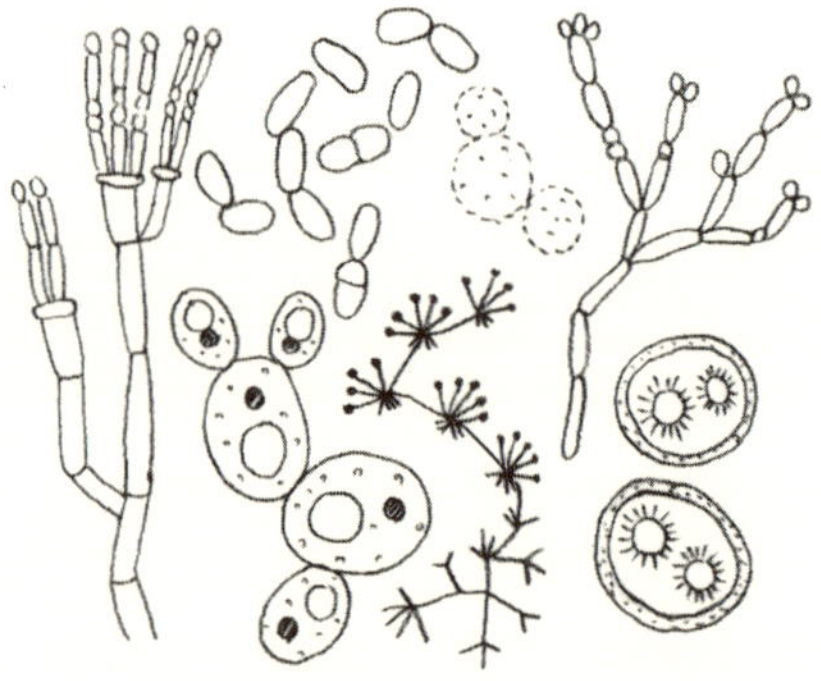

〈微生物イメージ〉

（※）微生物とは、細菌（バクテリア、乳酸菌など）や菌類（カビやキノコ類、酵母など）といった、人の目に見えないほどの小さな生き物の総称です（おおよそ1mm以下）。自然界のあらゆるところに生息し、人間や動物など生き物の体内にも存在します。

「発酵」、好ましくないものができあがれば「腐敗」となります。つまり、発酵と腐敗は、微生物側から見たら実は同じこと。我々人間の受け取り方による違いなのです。それは文化によっても異なり、例えば納豆は私たち日本人にとってはおいしい発酵食品ですが、海外の人には強烈な臭いを放つ腐敗物に映るかもしれません。一方、世界一臭い食べ物として有名なスウェーデンの塩漬けニシンの缶詰・シュールストレミングは、日本人がおいしくいただくにはなかなかハードルが高い発酵食品です。

●発酵に関わる微生物

発酵に関係してくる微生物のなかでも、日本人に馴染み深いものといえば、「国菌」とも言われる麹カビ。日本酒や味噌、しょう油などをつくるときに活躍します。アルコールをお酢に変えるのは酢酸菌。そのアルコールをつくる微生物は、酵母の一種です。

そして、ぬか漬けやヨーグルトに欠かせないのが乳酸菌。乳酸菌にも様々な種類があり、ぬか床に生息するのも一種類ではありません。

発酵とは

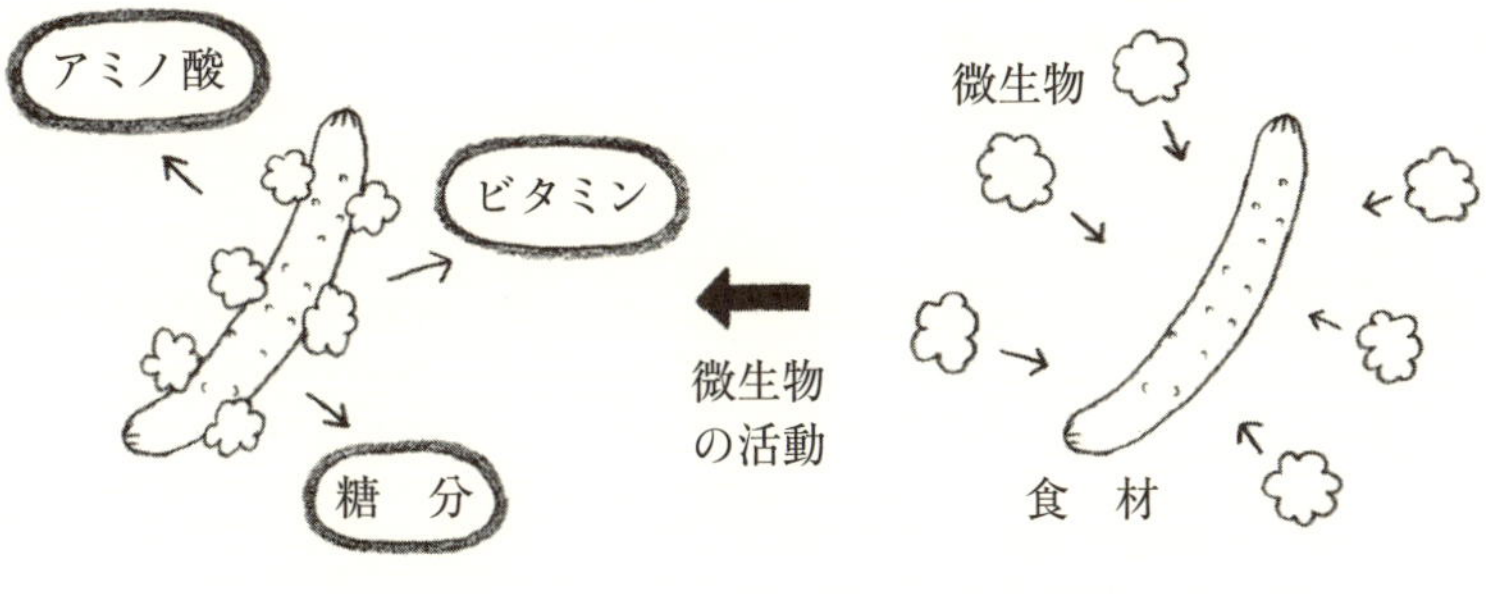

微生物が原料（食材）に付着し、原料に含まれる成分を栄養源とした代謝（エネルギー変換）が始まる。そのとき微生物が有している酵素は、原料に含まれるタンパク質やデンプン質を分解してアミノ酸、糖分などを生成する。

ぬか漬けの発酵のしくみ

●ぬか床が発酵するプロセス

一般的な発酵のしくみは前ページで紹介したとおり。では、ぬか床のなかではどんな微生物が働いて、私たちの身体に嬉しい栄養素や風味成分をつくり出しているのでしょうか。

ぬか床は、主にぬかと塩分からできています（→P.12）。そこに野菜などの食材が入ると、塩の持つ浸透圧作用によって食材の水分が抜け、同時に栄養素がぬか床のなかに溶け出します。

野菜やぬかに含まれている栄養素は、ぬか床にいる微生物・乳酸菌の代謝活動によってそのタンパク質や糖質が分解され、うま味の元となるアミノ酸や乳酸などの風味成分が生成されます。

アミノ酸や乳酸などの風味成分は、水分が抜けた野菜に染みこみます。さらに、ぬかに含まれる栄養素・ビタミンB_1なども野菜に吸収され、栄養価の高いぬか漬けができあがるのです。

●ぬか床で働く乳酸菌

ぬか床のなかの乳酸菌は、ぬかにもともと付着していたり、野菜に付いていたりと、自然界にいる乳酸菌が入り込んだものです。ぬか床のなかには、乳酸菌以外にもたくさんの微生物がいますが、乳酸菌は酸素が少ない環境でも生きることができ、また塩分に強いため、塩分濃度の高いぬか床のなかでも生育しやすい特長を持ちます。そのような理由から、ぬか床では乳酸菌が多く繁殖しやすいのです。

酵母も、塩分や乳酸菌のつくりだす酸が多くある環境でも生きられるため、良いぬか床には乳酸菌と酵母がバランス良く生育しています。しかし、かき混ぜが足りないと、同じく塩や酸に強いカビが生えてしまったりしますので、ぬか床は毎日の手入れが大切なのです。

●ぬか漬けが「おいしい」理由

ぬか漬けを「おいしい」と感じる理由。そこには様々な要素がありますが、前述したアミノ酸によるうま味、それから乳酸菌がつくり出す乳酸のさっぱりした酸味と香り。そして酵母による豊かな味わいなどが、ぬか漬けを毎日食べても飽きない味にしています。適度なしょっぱさも、ご飯のおかずとしてぴったり。ある程度の塩分があると食中毒菌や雑菌が生育しにくく、保存性もアップします。

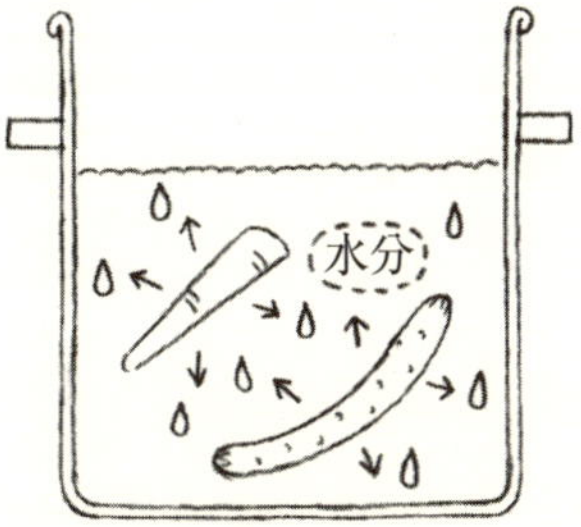

ぬか床に入れた野菜から、水分とともに栄養素がぬか床に染み出す。

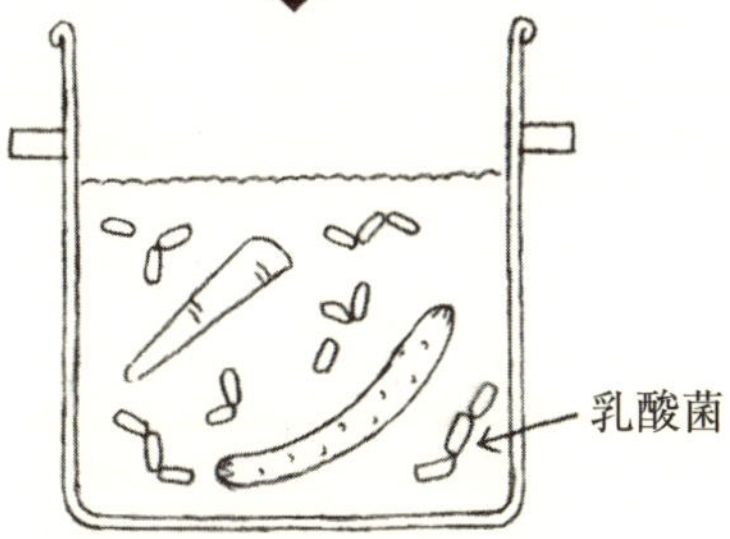

野菜から出た栄養素をエサに、乳酸菌が繁殖。うま味の元となるアミノ酸や乳酸、風味成分をつくりだす。

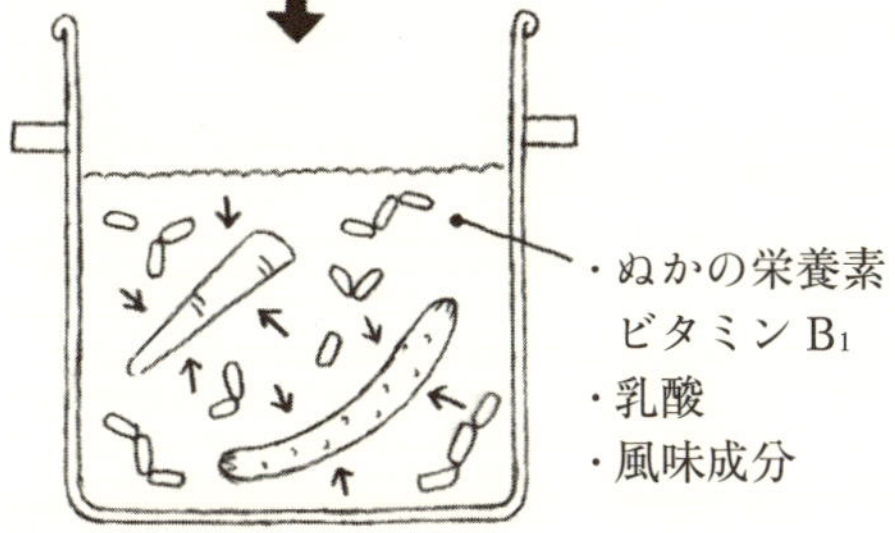

アミノ酸や乳酸、ぬかがもともと持つビタミンB_1などの成分が野菜に染み込み、おいしいぬか漬けの完成！

ぬか漬けがたっぷり吸収した栄養素の健康効果は次のページで！

ぬか漬けが持つ健康効果

①腸内環境の改善

ぬか床に生息する乳酸菌は、いわゆる植物性乳酸菌です。

乳酸菌には動物性と植物性があり、動物性乳酸菌は主に動物の乳に含まれる乳糖を栄養源として繁殖し、ヨーグルトやチーズをつくり出します。比較的温和な環境を好むことから、ぬか床のように塩分濃度の高い場所や酸性が強いところには耐えることができないものが多いのです。

一方の植物性乳酸菌は、野菜などに多く含まれるブドウ糖をエサに生育します。厳しい寒暖差など過酷な自然界の環境にも耐えて育ってきた乳酸菌であるため、ぬか床の塩分はもちろん、胃酸に対しても比較的抵抗性が強いものが多いので生きたまま胃を通過し、腸まで届くものが多いのが特長。

ぬか漬けには、この植物性乳酸菌がたっぷり含まれています（代表的なものはラクトバチルス プランタルム）。腸に届いた植物性乳酸菌の嬉しい働きのひとつが、腸内環境の改善。生きた植物性乳酸菌は腸内で乳酸を生成して、腸を弱酸性にします。腸はアルカリ性のときに悪玉菌が繁殖しやすいため、弱酸性の状態にしておくことが善玉菌を増やすためにも大切なのです（※）。

また、植物性乳酸菌は便秘の解消にも一役買ってくれます。乳酸の刺激によって腸のぜん動運動が活発になり、消化活動が促されます。食物繊維を多く含む野菜を選んでぬか漬けにすれば、より効果が期待できます。

なお、乳酸菌は腸内に定着しづらいので、ぬか漬けを毎日食べて日々新しい乳酸菌を腸に送り込むことが、その

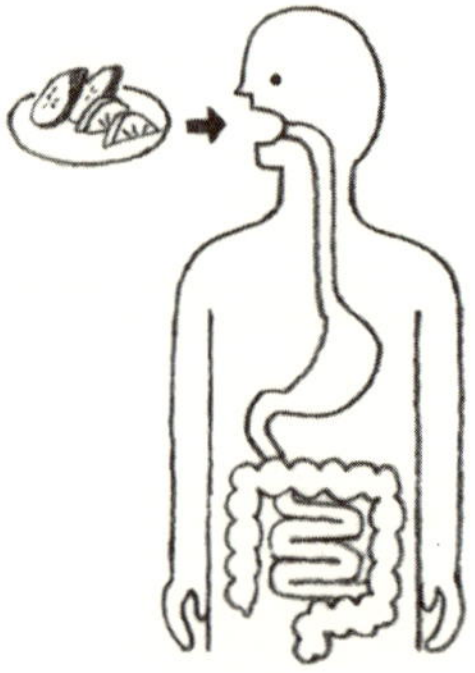

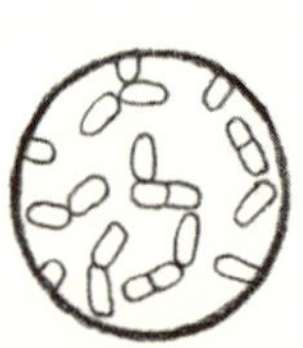

植物性乳酸菌

胃酸にも負けず、生きたまま腸に届く植物性乳酸菌は腸内で働き、善玉菌が増える環境を整えます。

効果を持続させるポイントです。

（※）善玉菌・悪玉菌／乳酸菌や酵母など、人間にとって良い作用をもたらすのが善玉菌。逆に、有害物質をつくり出して老化や生活習慣病を引き起こすのが悪玉菌と呼ばれます。人間の腸内には百兆を超えるバクテリア（菌）がいると言われ、善玉と悪玉、更にそのどちらにもなり得る菌が常に拮抗しています。

②ビタミンB_1による疲労回復、食欲増進・消化促進効果

ぬか漬けに多く含まれるビタミンB_1は、もともとはぬかが持っていたものです。ビタミンB_1は米ぬかに多く含まれ、精米の過程でぬか側に残ります。そうしてぬか床がたっぷり蓄えたビタミンB_1は、浸透圧によって野菜に吸収されていきます。

ビタミンB_1は糖質の代謝を助け、疲労物質を発生させづらくします。糖分を分解してエネルギーに変える働きや、胃腸の働きを助けて食欲を増進させ、消化を促進させる効果も。

このビタミンB_1は、ビタミンCと同じく水溶性で、いちどに摂取できる量が限られています。また、加熱によって破壊されてしまうことから日常的に摂取するのが難しいのですが、ぬか漬けを毎日の食事に取り入れることで補給しやすくなります。

③ビタミンCで美肌効果や免疫力UP

コラーゲンをつくり、有害な活性酸素を抑える抗酸化作用を持つビタミンC。人間にとってとても有効なビタミンですが、水溶性で加熱に弱いため、生のまま食べるのがいちばん。サラダもいいですが、調理の手間や皿に盛ったときに意外と少量になることを考えると、ぬか漬けのほうが手軽に多く摂れるでしょう。

④酵素の力で老化防止効果

酵素は、呼吸や消化吸収など私たちのあらゆる生命活動に関与する、生物に欠かせない物質です。人間自身がつくりだせる酵素の量には限度がありますが、不規則な生活を続けると、酵素はどんどん消費されてしまいます。そこで不足した酵素は新鮮な食べ物から摂ることになりますが（食物酵素）、熱に弱い酵素を上手に摂り入れるのに、ぬか漬けは最適なのです。

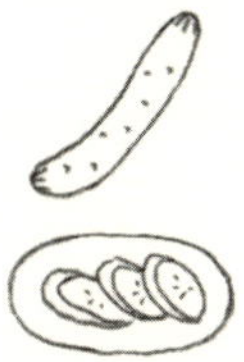

例えば同じきゅうりでも、生の状態よりぬか漬けになっているほうがビタミンB_1など栄養価がアップします。

まだまだある、発酵食品

発酵食品は世界中にありますが、特に日本人は、昔から上手に暮らしのなかにそれらを取り入れてきました。発酵食品はいったいいつ頃からつくられるようになったのでしょうか。
ぬか漬けは、本ページを監修いただいた宮尾茂雄先生によると、鎌倉時代末期にはそれらしきものが文献で確認されるとのこと。江戸時代には、はっきりと「ぬか漬け」として人々に食されていたそうです。
各地に根付く伝統の発酵食と、今も私たちの食生活の身近にある発酵食をおさらいしてみましょう。

●発酵食のはじまり

「医者いらず」「百薬の長」……発酵食品を称してこう言われることがあるように、昔の人は経験と知恵から様々な発酵食品をつくり出し、健康な身体を養う一助としてきました。

世界のなかでも特に日本人が多くの発酵食品をつくる優れた技術を持つきっかけとなったものに、島国独自の風土が挙げられます。四方を海に囲まれ、高温多湿の気候は発酵に必要な微生物が活動するのに適しており、米や豆類など、日本人が古くから親しんできた食物を原材料とした独自の発酵食品が生まれました。味噌やしょう油、日本酒などは、いまやそのおいしさと栄養価が世界中から注目を集める日本オリジナルの発酵食品です。

もう一つ、発酵食品が暮らしに根付いた理由にその保存性の高さがあります。現代のように様々な保存技術がまだなかった時代に、微生物の働きによって雑菌の増殖が抑えられる発酵食品は、長期保存食として重宝されたに違いありません。

味噌ひとつとってしても地域ごとに特徴があるように、日本の各地には、いまも伝統の発酵食品が数多く残っています。

各地に残る伝統的な発酵食品

地域ごとにとれる食物を生かした、
個性豊かな発酵食の数々。

めふん
雄の鮭の腎臓（血腸）の塩辛。ビタミンB_{12}を含み、貧血に有効と言われる。

しょっつる
秋田でよく獲れるハタハタを主な原料とした調味料（魚醤油）。江戸時代からつくられる。

へしこ
魚のぬか漬けのことを言い、北陸でサバやイワシ、イカ、フグなどを原料につくられる。

かぶらずし
石川。発酵寿司の代表格。塩漬けしたかぶでブリを挟み、米麹で一ヶ月ほど本漬けする。

いぶりがっこ
囲炉裏に吊るして乾燥させた大根をぬか漬けにしたもの。香ばしい燻香が特徴。

すぐき漬け
「すぐき（酢茎）菜」というかぶを塩漬けした、京都伝統の漬物。強い酸味を持つ。

信州味噌
鎌倉時代から味噌づくりが盛んな信州でつくられる、やや辛口の味。いまや全国的にも有名。

碁石茶
蒸した茶葉をカビの一種と乳酸菌の働きによって発酵させたお茶。高知でつくられる。

べったら漬け
塩で下漬けした大根に米麹や砂糖を加えて本漬けした、関東の珍しい甘口漬物。

ふなずし
琵琶湖で獲れたふなを塩漬けにして、その後米と塩で漬け込んだなれずし。濃厚な匂いを放つ。

くさや（伊豆諸島）
魚をくさや汁（液）と言われる塩水に浸したのち、天日干しする。独特の臭気が特徴。

麦味噌
大豆に麦麹を加えて発酵させたもので、中国地方や九州全域でつくられる。淡い甘味が特徴。

八丁味噌
大豆のみを発酵させてつくる、愛知の赤褐色の辛口味噌。見た目と違って、塩分は少ない。

豆腐よう（沖縄）
沖縄の島どうふを米麹、紅麹、そして泡盛で発酵させる。ねっとり、濃厚な味わい。

私たちに身近な発酵食品

○味噌

中国から伝わり、平安時代にはすでにあった味噌。米や麦を蒸したものに麹菌が増殖して麹となり、蒸した大豆・塩などに加えると発酵・熟成して味噌になる。医者いらずと言われるように必須アミノ酸やビタミン類など豊富な栄養分を持つ。

○酢

世界の各地で伝統的につくられているお酢。その原料は米や麦、りんごやぶどうなど糖質を含むもの。それらをまずアルコール発酵させて酢酸菌を加えると酢になる。酸味や香りが食欲をそそり、また、防腐効果で日持ちをアップさせる。

○しょう油

16世紀末、関西にはじめて醤油専門店ができ、その後江戸にも広まった。精神安定作用のあるアミノ酸の一種・ギャバなどを含む。大豆、小麦などの原料を仕込んでつくられたもろみに麹菌、酵母、乳酸菌などが作用して発酵し、できあがる。

○塩麹

近年ブームにもなった塩麹は、米麹に塩・水を加えてつくる。古くから調味料として使われており、肉や魚などの食材を漬けるとタンパク質が分解され、アミノ酸など風味成分が生成される。ビタミンB群も豊富で、万能調味料と呼ばれる。

○みりん（本みりん）

酒類の調味料。蒸したもち米に米麹、アルコールを加えて熟成させたもので、もち米のタンパク質やでんぷんが分解され、アミノ酸などが生成されて風味が生まれる。江戸時代までは酒としてたしなまれており、その後料理にも使われるように。

○かつお節

江戸時代から親しまれてきた発酵食品。つくり方は、煮熟したかつおを燻して乾燥させ、水分を抜いていく。その後カビを付着させて発酵する過程で含水量は更に低くなり、保存性も高まる。

※発酵と熟成／微生物の働きによって行われるのが発酵であり、熟成は主に原料自身が持つ酵素の作用で代謝が進むことを言う。

○甘酒

炊いた米に麹菌を加えると、米のデンプンが分解されてブドウ糖になり、独特の香りと甘みが生まれる。「酒」と付いているが酒になるには更に酵母の一種が必要で、甘酒にアルコールはほぼ含まれない。ビタミン類など栄養豊富で「飲む点滴」と言われる。

○ワイン

ぶどうの糖分を酵母が分解し、アルコールが生成。その後、樽で長期間熟成させて風味が生まれる。抗酸化作用、生活習慣病の予防で知られるポリフェノールは、ぶどうの果皮や種を一緒に発酵させる赤ワインにより多く含まれる。

○ビール

まず麦芽（大麦を発芽させたもの）を糖化させて麦汁をつくり、そこに酵母の一種・ビール酵母を加えて発酵させる。中世ヨーロッパでは栄養補給飲料でもあったと言われ、アルコール、カリウムなどの働きによる利尿作用や香りのリラックス効果も。

○焼酎

蒸留酒である焼酎は、ビールや日本酒のように糖質を含まないお酒。米や麦、黒糖、芋など主となる原料に麹菌と酵母を加えて仕込み、発酵してできたもろみを蒸留させることによって糖質がなくなり、またアルコール度数がアップ。泡盛も同じく蒸留酒の一種。

○日本酒

蒸米に麹菌、水を混ぜて米を糖化させ、同時にアルコール発酵を促す酵母を加えた酒母を発酵させると「もろみ」となる。これを圧搾すると完成。百薬の長とも称され、免疫力アップや疲労回復、美肌効果のあるアミノ酸を多く含む。

○マッコリ

朝鮮半島で古くからつくられるマッコリは、主原料となる米に麹菌と酵母が働き、糖化とアルコール生産が行われる。同時に乳酸発酵が進むので酸味がある。マッコリに多く含まれるのは植物性乳酸菌であるため、生きたまま腸に届き、整腸作用や便秘解消が期待できる。

○プーアル茶（熟茶）

後発酵茶と言われ、茶葉を加熱・乾燥させたあとカビ付けして発酵させる。紅茶や緑茶、ウーロン茶も同じ茶葉からできており、発酵の度合いが違うだけだが、紅茶などの発酵は茶葉自身に含む酸化酵素が発酵しており、微生物の働きによる発酵とは異なる。

○塩辛

イカやタコ、ウニ、かつおなど塩辛の種類は多々あり、酒の肴としてもおなじみ。いずれも胴や内臓に塩を加えて仕込む。発酵の際、微生物と内臓が持つ消化酵素の働きを利用しており、熟成して独特の臭いやうま味が生まれる。

○納豆（糸引き納豆）

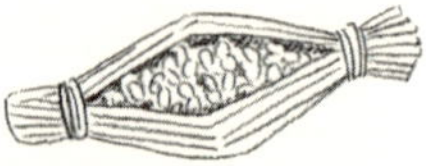

納豆菌は稲（藁）などに多くいる枯草菌の一種。藁を煮沸することで雑菌が死滅し納豆菌のみ残ることから、かつては煮大豆を藁苞に入れて発酵させ、納豆がつくられていた。ビタミンB_2、ビタミンK_2など多くの栄養素が含まれる。

○豆板醤（とうばんじゃん）

炒め物やスープなど、様々な料理にアクセントを与える豆板醤は、空豆が主な原料。生あるいは蒸した空豆に麹や塩、唐辛子などを加えてじっくり発酵させる。中国では本来、唐辛子を入れずにつくられていたそう。

○キムチ

朝鮮語で「野菜の塩漬け」が語源と言われるキムチ。白菜、大根、きゅうりなどの野菜に塩、唐辛子を加えて、主に植物性乳酸菌の働きで発酵させる。乳酸菌が生成する乳酸や、野菜の持つ食物繊維によって整腸作用が期待できる。

○メンマ

ラーメンのトッピングの定番・メンマも実は発酵食品。中国や台湾で多くつくられ、その影響で沖縄でも古くから食べられていた。麻竹と呼ばれるたけのこを茹で、一ヶ月以上かけて乳酸菌の働きで発酵させている。食物繊維も豊富。

○テンペ

インドネシアで日常的に食される伝統的な発酵食品テンペは、煮た大豆をテンペ菌によって発酵させてつくる。植物性タンパク質やビタミンB群、必須アミノ酸などを含む。それ自体は淡泊な味で、揚げる、煮る、炒めるなど、様々な調理法で楽しむ。

○生ハム

ハムの語源である豚のもも肉を塩漬けして乾燥させ、熟成させる。その後、燻製にするものとしないものに別れ、後者はプロシュートと呼ばれる。ヨーロッパでは数年かけて熟成させるものもあり、風味が増していく。

○ヨーグルト

ヨーグルトをつくるのは、主に動物の乳に含まれる乳糖を栄養源として繁殖する動物性乳酸菌。生乳に加えて発酵させ、できあがる。動物性乳酸菌は胃酸に弱いものが多い。整腸作用や免疫機能を高める機能を有するものがある。

○ナタデココ

かつて日本でも大流行したデザート・ナタデココは、フィリピンで生まれた発酵食品。ナタ菌とも呼ばれる酢酸菌の一種をココナッツの実に含まれる液体に加えて発酵させて固まったもので、99%が水分、1%が繊維。食物繊維が豊富。

○パン

紀元前からヨーロッパでつくられていたパン。小麦の生地にイースト菌などの酵母を加え発酵させる。生地がふっくら膨らむのは酵母の炭酸ガスを生成する働きによるもの。日本で最初の菓子パン・あんパンは、米・麹・水からできた酒種酵母を使ってつくられたそう。

○チーズ

原料の生乳は牛や山羊、羊など様々。乳酸菌と凝乳酵素によって凝固し、カビや細菌を植え付け熟成させる。その種類によってカマンベール、ゴルゴンゾーラなど多様なチーズができあがる。カルシウム、タンパク質など栄養豊富。

おわりに

私がぬか漬けを始めたのは、今から15、6年前のこと。区民農園を借りて野菜を育て始めたのですが、あまりに多くできてしまってとても一人では食べきれない！はて、余った野菜をどうするか。と考えたときに思いついたのが、祖母がずっと漬けていたぬか漬けでした。

祖母のぬか床は一斗樽ほどの大きさで、小さな子どもがすっぽり入ってしまうほど。私も子どもの頃から、「今日は何が入っているかなー」とワクワクしながら、祖母と一緒にぬか床をかき混ぜていたものです。

その祖母のぬか床を思い出し、自分流に始めてみたけれど、最初はカビを生やしてしまったり、ひどい異臭がしたりと失敗も数々。それでもあきらめずに試行錯誤を重ねた結果、今ではたいていの困った！は解決できる対処法もでき、おいしいぬか漬けを毎日食べることができています。

ぬか漬けと、炊きたてのごはんとお味噌汁。我が家の健康と笑顔の秘訣です。どうかみなさんも、ぬか漬けのある食卓を楽しみながら、微生物たちの大いなる恩恵にあずかりましょう。

山田奈美

薬膳料理家、食養研究家、国際中医薬膳師。「食べごと研究所」主宰／北京中医薬大学日本校卒。東京薬膳研究所代表の武鈴子氏に師事し、薬膳理論や食養法について学ぶ。雑誌・テレビなどで発酵食や薬膳レシピの制作・解説等を行うとともに、神奈川県・葉山のアトリエ「古家１６８１」で「発酵教室（ぬか漬け、味噌など）」「和の薬膳教室」などのワークショップを開催。日本の食文化を継承する活動を行う。著書に『体を温め、めぐりをよくする妊娠中のごはん』（家の光協会）、『漬けるだけ 発酵食レシピ』（アスペクト）、『つよい体をつくる離乳食と子どもごはん』（主婦と生活社）他。

はじめる、続ける。
ぬか漬けの基本

二〇一六年三月二五日　初版第一刷発行
二〇二四年四月二五日　初版第十刷発行

著　者　山田奈美

発行者　西川正伸
発行所　株式会社グラフィック社
〒一〇二―〇〇七三
東京都千代田区九段北一―一四―一七
電話　〇三―三二六三―四三一八
FAX　〇三―三二六三―五二九七
https://www.graphicsha.co.jp

印刷・製本　図書印刷株式会社

ISBN978-4-7661-2827-7　C2077

写真　安彦幸枝
ブックデザイン　漆原悠一（tento）
イラストレーション　カワナカユカリ
編集・進行　大庭久実（グラフィック社）